AF564113

J. K. PANSAERS
Attaché à la Bibliothèque Royale de Belgique

TABLES

DE LA

REVUE NÉO-SCOLASTIQUE DE PHILOSOPHIE

(XX premières années, 1894-1913)

LOUVAIN
INSTITUT SUPÉRIEUR DE PHILOSOPHIE

1914

Supplément à la **Revue Néo-Scolastique de Philosophie** *de Février 1914.*

TABLES

DE LA

Revue Néo-Scolastique de Philosophie

T. I à XX (1894-1913)

PAR

J. K. PANSAERS
Attaché à la Bibliothèque Royale de Belgique

AVIS

Ces tables de la **REVUE NÉO-SCOLASTIQUE DE PHILOSOPHIE** comprennent :

1° Une *Table analytique des Matières* qui renvoie à la *Table alphabétique des articles.*

2° Une *Table alphabétique des articles signés et anonymes.*

Ces deux tables se complètent. Exemple : la *Table analytique des matières,* au mot *Abstraction* renvoie à Decraene, 6. En se reportant à la *Table alphabétique des articles* à Decraene, 6, on trouve que l'étude a parue au tome VIII de la revue, p. 243-257.

3° Une *Table des Comptes-Rendus* où les travaux analysés sont classés aux noms de leurs auteurs.

4° Une *Table des Mélanges* renvoyant aux notes, informations, bulletins et documents divers.

I

TABLE ANALYTIQUE DES MATIÈRES

II

TABLE ALPHABÉTIQUE DES ARTICLES

ANONYMES

III

TABLE DES COMPTES-RENDUS

Michaud, 168, Boulevard Saint-Germain. Prix : 2 fr. XVII, 585. *C. Mathieu.*

ARCHAMBAULT (Paul). — Pascal, choix de textes et introduction. Un vol. in-12 de 224 pages. Collection « Les grands philosophes français et étrangers ». — Paris, Louis Michaud. XVIII, 450.

ARCHAMBAULT (Paul). — Leibniz. Un vol. in-12 de 219 pages de la collection « Les grands philosophes français et étrangers ». — Paris, Louis Michaud. XVIII, 451.

ARENDT (Guilhelmus), S. J. — Apologeticæ de Aequi probabilismo Alphonsiano historico-philosophicæ dissertationis a R. P. J. De Caigny, C. SS. R. exaratæ-Crisis Juxta principia angelici doctoris instituta. — Friburgi-Brisgoviae, Herder, 1897, 462 p. V, 96. *A. V.*

ARNAIZ (Marcelino). — Los fenomenos psicologicos. — Cuestiones de psicologia contemporanea. In-8°, XXIV-352 pp. — Madrid, Saenz de Jubera, 1903. XI, 373. *A. Pelzer.*

ARNAIZ (P. Marcelino). — Elementos de Psicologia fundada en la experiencia. Tomo I; La vida sensible, 212 pp., 4 pesetas. — Madrid, Sácnz de Jubera, 1904. XII, 390. *L. Van Halst.*

ARNAIZ (P. Marcelino). — Las « metáforas » en las ciencias del espiritu. — Sáenz de Jubera Hermanos, Editores, Madrid, 1908, 185 pp., 2 pesetas. XV, 425. *Juan Zaragüeta.*

ASCHER (Dr Maurice). — Renouvier und der französische Neu-Kriticismus (Berner Studien zur Philosophie und ihrer Geschichte, Bd. XXII). — Bern, 1900. IX, 289. *E. Janssens.*

AUGER et HAUSTRATE. — Cours complet de pédagogie, à l'usage des écoles normales. — Tome I : Tournai, Decallonne-Liagre, 1900. VII, 462. *D. M.*

AURELI (Prof. Tito). — La Vita e la Morte. — Desclée, Lefebvre, et Cie. Rome, 1902. X, 108. *U. Bonamartini.*

BAEUMKER (Dr Clemens). — Beitrage zur geschichte der Philosophie des Mittelalters. Texte und Untersuchungen. Band II. Herausgegeben von — und Dr Georg Freih. von Hertling. Munster, Aschendorf. III, 333. *M. De Wulf.*

BAEUMKER (Dr Clemens). — Beitrage zur Geschichte der Philosophie des Mittelalters. Texte und Untersuchungen. Band I. Munster, Aschendorf. III, 333. *M. De Wulf.*

BEAUMKER (Dr Clemens). — Der Anteil des Elsass an den geistigen Bewegungen des Mittelalters. Strassburg, 1912. XIX, 429. *M. De Wulf.*

BAEUMKER (Dr Clemens). — Die Europaïsche Philosophie des Mittelalters. Dans la collection de Paul Hinneberg, Die Kultur der Gegenwart, Allgemeine Geschichte der Philosophie (I, V, Berlin, 1909). XVII, 395. *M. De Wulf.*

BAEUMKER (Dr Clemens). — Witelo. Ein Philosoph und Naturforscher des XIII. Jahrh. Beiträge zur Geschichte der Philosophie des Mittelalters. Munster, 1908. XVI, 144 ; XVII, 409. *M. De Wulf.*

BAINVEL, S. J. La foi et l'acte de foi. — Paris, Lethielleux, fr. 2,50. VIII, 220. *D. M.*

BALDWIN (J.-M.). — Dictionary of Philosophy and Psychology. — The Macmillan Company, New-York and London. — Tome I : XXIV-644 pp., 1901. — Tome II : 892 pp., 1902. XI, 494. *Frans Van Cauwelaert.*

BALLERINI (Prof. Giuseppe). — Il principio di causalità e l'esistenza di Dio di fronte alla scienza moderna. — Un vol. de VII-266 pages. — Firenze, Libreria editrice fiorentina, 1904. XII, 305. *D. Mercier.*

BALLERINI (Prof. Giuseppe). — Breve apologia pei giovanni studenti contro gl'increduli dei nostri giorni, 2e ediz. — Libreria Editrice Fiorentina, 1908 ; 577 pp.; Lire 2. XVI, 323. *Carmelo Scalia.*

Baltus (Dom U.), O. S. B. — Le Protestantisme contemporain ; sa constitution, sa doctrine, son culte, sa morale. Broch. 80 pp. — Namur, imp. Delvaux. VII, 258

Barrett (E. Boyd), S. J. — Motive-Force and Motivation-Tracks, a Research in Will Psychology Longmans, Green and C°, London. XVIII, 607. *A. F.*

Barry (William). — Newman, traduit de l'anglais, par A. Clément. — Paris, Lethielleux. XIII, 458. *Edg. Janssens.*

Barth (Dr Paul). — Die Elemente der Erziehungs-und Unterrichtslehre. xi-515 SS. — Leipzig, J. A. Barth, 1906. XVI, 148. *Frans Van Cauwelaert.*

Baruzi (Jean). — Leibniz et l'organisation religieuse de la terre. — Paris, Alcan, 1907. XVI, 151. *Jean Neven.*

Battifol (Pierre). — Questions d'enseignement supérieur ecclésiastique. Un vol. in-12 de 354 pages. — Paris, 1907. XIV, 600. *C. Sentroul.*

Baudrillart (Mgr A.). — Quatre cents ans de Concordat. — Paris, Poussielgue. XIII, 96. *J. Belpaire*

Baudrillart (Mgr A.). Recteur de l'Institut catholique de Paris. — Les Universités catholiques de France et de l'étranger. 120 pp. — Paris, Poussielgue, 1909. XVI, 639. *L. Noël.*

Bauer (Arthur). — La conscience collective et la morale. Un vol. in-16 de la « Bibliothèque de Philosophie contemporaine ». — Paris, Félix, Alcan, 1912. XIX, 575. *Joseph Petit.*

Baunard (Mgr). — Correspondance de Monseigneur Gay, précédée d'une introduction. — Paris, Oudin, 1899. X, 121. *L. A.*

Baylac (J.). — La morale et la science sociale. — Paris, Lecoffre. 1903. XII, 152. *R. Rosseel.*

Bax (E. Belfort). — The Roots of Reality (being suggestions for a philosophical reconstruction). xi-331 pp. — London, E. Grant Richards, 1907. XV, 574. *R. Feys.*

Beda (Adlhoch), O. S. B. — Praelectiones ad artis scholasticae inter Occidentales fata. Brunae, 1898. XVI, 132. *M. De Wulf.*

Belos. — Morale Sociale. — Leçons professées au Collège libre de Sciences sociales par MM. Belos, Bernès, Brunschvicq, Buisson, Dauriac, Darlu, Delbes, Gide, Kovalewsky, Malapert, R. P. Maumus, De Roberty, Sorel, et Pasteur Wagner. — Préface de Em. Boutroux. Paris, Alcan, 1899, 1 vol. in 8° de xi-318 pp. VI, 443. *Ed. Crahay.*

Belot (G.). — Voir : Allier.

Benn (Alfred William). — The History of English Rationalism in the nineteenth Century, 2 vol. — London, Longmans, Green and C°. XVII, 577. *Ed. Janssens.*

Berdyczewski (Dr M.-J.). — Ueber den Zusammenhang zwischen Ethik und Aesthetik. — Bern, Steiger und C°, 1897. VII, 353. *Al. W.*

Bernès. — Voir : Belos.

Bernies (V.). — Spiritualité et Immortalité. — Paris, B. Blond, 1901. IX, 420. *D. Hallez.*

Bertazzi (G.-Grassi). — La Filosofia di Ugo da San Vittore. — Roma-Milano, Albrighi e Segati, 1912. XX, 552. *J. Hoffmans.*

Berthier (R. P.). — L'étude de la Somme Théologique de Saint Thomas d'Aquin, 2e édit. — Paris, Lethielleux, 1905. XVI, 155. *M. De Wulf.*

Berthold (Sigismund). — Kind und Welt. — Braunschweig, F. Vieweg und Sohn, 1897. V, 224. *A. Thiéry.*

Bertrand (Alexis). — Les études dans la Démocratie. — Paris, F. Alcan, 1900. VII, 358. *D. H.*

Berr (H.). — L'Avenir de la Philosophie, 1899. — Paris, Hachette et Cie, 1 vol. in-8°. VI, 324. *M. F. D.*

Berr (Henri). — La synthèse en histoire. Essai critique et théorique. Un vol. in-8° de la « Bibliothèque de philosophie contemporaine ». — Paris, Alcan, XIX, 312 *Georges Legrand*

BESSE (Abbé Clément). — Philosophies et Philosophes. — Paris, Lethielleux, 1904. XI, 231. *D. M.*

BEYSENS (J.-Th.), Hoogleeraar te Warmond. — De ontwikkelingsgeschiedenis der organische soorten, van het standpunt der Scholastieke Wijsbegeerte. — Leiden, G. F. Theonville. Steenschuur, 9, 1902. IX, 418. *J. Van Mollé.*

BEYSENS (J.-Th.). — Logica of Denkleer, 190 pp. in-8°, 1902 ; fr. 3,75. — Criteriologie of de Leer over waarheid en zekerheid, 194 pp. in-8° 1903 ; même prix. — Leiden, G. F. Théonville. X, 326. *F. Van Cauwelaert.*

BEYSENS (J.-Th.). — Ontologie of Algemeene Metaphysica. In-8°, 320 pp. — Amsterdam, C. L. Van Langenhuysen, 1904. XI, 214. *Hubert Meuffels.*

BEYSENS (J.-Th.). — Algemeene Zielkunde (Psychologie générale). — Deux volumes in-8°, 216 et 319 pages, avec deux planches gravées sur pierre, dans le texte. — Amsterdam, C. L. Van Langenhuysen, 1905. XIII, 91. *Hubert Meuffels.*

BEYSENS (J.-Th.). — Algemeene Zielkunde (Psychologie générale). — Troisième partie. Un vol. in-8° de 295 pp. — Amsterdam. C. L. Van Langenhuysen, 1906. XIV, 261. *Hubert Meuffels.*

BEYSENS (J.-Th.). — Criteriologie of de leer over Waarheid en Zekerheid. — Leiden, G. F. Théonville, 1911. XVIII, 428. *M. De Wulf.*

BEYSENS (J.-Th.). — Dualistische Teleologie als wijsgeerige Theorie. In-8°, 29 pp. — Amsterdam, Van Langenhuysen, 1910. XVII, 97. *L. Noël.*

BEYSENS (J.-Th.). — Theodicee of natuurlijke Godsleer. Eerste Deel : Gods bestaan, Theorieën, Godsbewijzen. — Amsterdam, Van Langenhuysen. XV, 147. *L. Vanhalst.*

BEYSENS (J.-Th.). — Algemeene Zielkunde. Eerste deel : Inleiding. — Kennis in het algemeen. Het zinnelijk kenleven. — Tweede druk. — Amsterdam, C. L. Van Langenhuysen, 1909. XVI, 639. *P. M.*

BEYSENS (J.-Th.). Hoogleeraar in de Wijsbegeerte bij de Rijks-Universiteit te Utrecht. Natuurphilosophie of Cosmologie. — Amsterdam, C. L. Van Langenhuysen (Mensing en Schade), 1910. Prix : 3 fl. XVIII, 147. *L. Deckers.*

BILLIA (Lorenzo Michel Angelo). — Lo Stato al suo posto ossia delle opinioni di Raffaele Mariono intorno all' economia politica e alla liberta, pag. 157. — Milano, 1896. IV, 218. *A. P.*

BINET (Alfred). — L'année psychologique, tome V. — Paris, 1899. VII, 252. *A. Thiéry.*

BINET (Alfred). — La suggestibilité. Un vol. in-8° de 396 pp. — Paris, Schleicher, 1900. IX, 532. *Ar. Baudhuin.*

BINET (Alfred). — L'Étude expérimentale de l'intelligence. — Paris, Librairie Reinwald, 1903. XI, 228. *D. M.*

BINET (Alfred). — L'âme et le corps. — Paris, Flammarion, 1905. XIII, 212. *G. Simons.*

BINET (Alfred). — Les révélations de l'écriture. — Paris, Alcan. 1906. XIII, 343. *G. Simons*

BLANC (Elie). — Mélanges philosophiques (1897-1900). — Paris et Lyon, 1900. VIII, 214. *D. M.*

BLANC (Elie). — Le Salut social par les cités chrétiennes. — Valence, 1901. IX, 294. *J. M.*

BLOCK (Maurice). Membre de l'Institut. — Les Assurances ouvrières en Allemagne. Paris Guillaumin. II, 442. *G. L.*

BOEDDER (Bernardus), S. J. — Psychologia rationalis, sive Philosophia de anima humana in usum scholarum, in-8° (XVIII-344 pp.,) Friburgi Brisgoviae sumptibus Herder, 1894. II, 332. *J. F.*

BOEDDER (Bernardus), S. J. — Theologia naturalis sive Philosophia de Deo in usum scholarum. Troisième édition augmentée et corrigée. Fribourg en Bresgau, Herder, 1911. Prix : 5.50 fr., relié 7 fr. XIX, 576. *N. Balthasar.*

BOEDDER (Bernardus), S. J. — Theologia naturalis. 3e Édition. — Fribourg, Herder, 1913. XIX, 134. *M. De Wulf.*

BOEX-BOREL (J.-H.) (J.-H. Rosny, aîné). — Le pluralisme. Un vol. in-8° de la Bibliothèque de philosophie contemporaine. — Paris, Félix Alcan, Editeur. Prix : 5 fr. XVIII, 287. *N. Balthasar.*

BLONDEL (Maurice). — Léon Ollé-Laprune. — Paris, 1899. VII, 255. *D. Mercier.*

BOITEUX (J.). — Lettres à un matérialiste sur la pluralité des mondes habités, 3me édition. — Paris, Plon, 1898. VI, 77. *D. Nys.*

BONAMARTINI (Prof. Ugo). — Il positivismo e l'inconoscibile secondo Roberto Ardigò. Osservazioni critiche (46 pp.). — Roma, tipografia poliglotta della Propaganda, 1904. XI, 376. *D M.*

BOS (Camille). Docteur en philosophie de l'Université de Berne. — Psychologie de la Croyance. Un vol. in-12 de la Bibliothèque de philosophie contemporaine. — Paris, Félix Alcan, éditeur. IX, 416. *J. Huys.*

BOUASSE. — De la méthode dans les sciences, par MM. Bouasse, Delbet, Durkheim, Giard, Job, Le Dantec, Lévy-Bruhl, Monod, Painlevé, Picard, Ribot, Tannery, Thomas. — Paris, Alcan, 1909. XVII, 280. *M. D.*

BOULAIN-VILLIERS (Comte Henri de). — Spinoza, Ethique. Traduction inédite, publiée par F. Colonna d'Istria. — Paris, A. Colin, 1907. XV, 572. *E. Janssens.*

BOURDEAU (Louis). — Le problème de la vie. Essai de psychologie générale. — Paris, Alcan, 1901. X, 112. *J. Malotaux.*

BOURDEAU (J.). — Pragmatisme et Modernisme. Un vol. in-16 de 238 pp. (Bibliothèque de philosophie contemporaine). — Paris, Alcan, 1908. Prix : 2 fr. 50. XVI, 165. *Elno.*

BOURE (L.), S. J. — Hippolyte Taine. In-8°, XII-192 pp. Paris, Lethielleux. XI, 507. *P. S.*

BOURGEOIS (Léon). — Solidarité, 3e édition, augmentée de plusieurs appendices. — Paris, A. Colin, 1902. XI, 97. *A. D.*

BOUTROUX (Emile), professeur à la Faculté des lettres de Paris. — Questions de morale et d'éducation. Conférences faites à l'école de Fontenay-aux-roses. — Paris, Ch. Delagrave. III, 441. *J. G.*

BOUTROUX (Emile). — Science et Religion dans la Philosophie contemporaine. Bibliothèque de Philosophie scientifique. — Paris, Flammarion. XVI, 316. *Nicolas Balthasar.*

BOVÉ (Salvador). — El sistema cientifico Lulliano. Ars Magna. Exposicion y critica. — Barcelona, 1908, LXVIII-596 p. XVI, 142. *M. De Wulf.*

BRANTS (V.). — Les théories économiques aux XIIIe et XIVe siècles. — Louvain 1895. II, 227. *D. M.*

BRANTS (V.). — La Faculté de Droit de l'Université de Louvain, à travers cinq siècles (1426-1906). — Louvain et Paris 1906. XIII, 462. *M. De Wulf.*

BRASSEUR (Auguste). — La psychologie de la force. — Paris, F. Alcan, 1907, 230 pp. XV, 161. *J. Lemaire.*

BRÉHIER (Emile), maître de conférences à l'Université de Rennes. — Chrysippe. Un vol. de VIII-287 pp. (Collection des Grands philosophes). — Paris, Alcan, 1910. Prix : 5 fr. XVIII, 445. *A. Mansion.*

BRÉHIER (Emile). — Schelling. Un vol. in-8° de 314 pp. de la collection « Les Grands Philosophes. » — Paris, Alcan, 1912. XIX, 570. *F. Palhoriès.*

CARRA DE VAUX (B^on). — Voir aussi : ALLIER.

CARRASQUILLA (Rafael M.). — Sobre la Barbarie del lenguaje escolastico. — Bogota, 1912. XX, 107. *M. De Wulf.*

CARREÑO (Pedro Maria). — Filosofia del Derecho. Conferencias dictadas en la Facultad de Derecho y Ciencias politicas de Bogota. Tomo I. Un vol. in-8° de 239 pp. — Bogota, Imprenta de « La Luz », 1909. XVII, 288. *Pierre Harmignie.*

CARUS (Dr Paul). — Philosophy as a science, a synopsis of the writings of Dr Carus, containing an introduction written by himself, summaries of his books and a list of articles to date. Un vol. de IX-213 pp. — Chicago, The open Court Publishing Company, 1909. XVII, 286. *G. L.*

CATHREIN (V.), S. J. — Philosophia moralis. 4e éd. 1902. — Fribourg en Brisgau, Herder. X, 223. *G. Simons.*

CATHREIN (V.), S. J. — Philosophia moralis in usum scholarum, in-12 de X-396 pp. — Fribourg-en-Brisgau, Herder, 1893. I, 414. *J. F.*

CATHREIN (V.), S. J. — Philosophia moralis. 7e édition. — Fribourg, Herder, 1913 XIX, 134. *M. De Wulf.*

CATHREIN (V.), S. J. — Durch Atheismus zum Anarchismus. — Fribourg, I. Br. Herder, 1900. 2 Aufl. VIII-194 S. 1,40 M. VIII, 100. *A. P.*

CATHREIN (V.), S. J. — Philosophia moralis in usum scholarum, editio septima ab auctore recognita et aucta. Un vol. de 520 pp. — Fribourg I. B., Herder. Prix : broché 6 fr. ; rel. 7,25. XVIII, 448 *Moustiers.*

CHALLAYE (F.). — Voir : ALLIER.

CHANTEPIE DE LA SAUSSAYE (P.-D.). — Manuel d'Histoire des religions. Traduit de l'allemand sous la direction de MM. Hubert et Lévy. Un vol. de 714 pp. — Paris, Colin, 1904. Prix : 16 fr. XII, 156. *M. Defourny.*

CHARBONNEL (J. Roger). — Essai sur l'apologétique littéraire du XVIIe siècle à nos jours. — Paris, A. Picard, 1903. XII, 381. *Edgar Janssens.*

CHIESA (L.). — La Biomeccanica ; il Neovitalismo ed il Vitalismo tradizional. — Rome, Desclée, Lefebvre et Cie, 1900. VIII, 89. *A. B.*

CHOLLET (A.). — De la Notion d'ordre. Parallélisme des trois ordres de l'être, du vrai, du bien (257 p.). — Paris 1898. VI, 450. *M. D. W.*

CHOLLET (A.). — La morale stoïcienne en face de la morale chrétienne. — Paris, Lethielleux, 1898. VI, 91. *J. V. C.*

CHOLLET (J.-A.). — La « psychologie du Purgatoire ». — Paris, Lethielleux. X, 241. *J. L.*

CHOLLET (J.-A.). — Psychologie surnaturelle. La Psychologie du Christ. — Paris, P. Lethielleux, 1903. XII, 279. *Gaston Faelens.*

CERETTI (Pietro). — Saggio circa la ragione logica di tutte le cose (Pasaelogices Specimen). Versione dal latino del Prof. Carlo Badini e con note ed introduzione di Pasquale d'Ercole. Vol. I, Prolegomeni. Vol. II, Essologia. Vol. III, Essologia, Sezione I, La Meccanica. Vol. IV, Essologia, Sezione II, La Fisica. — Torino, Unione Tipografico. Editrice, 1888-1897. V, 358. *A. P.*

CERETTI (Pietro). — (Theophilus Eleutherus). Saggio circa la ragione logica di tutte le cose. Vol. V. Essologia. Sezione III. La Natura biologica. — Torino, Unione tipografica editrice, 1905. XIV, 265. *A. Pelzer.*

CLAPARÈDE. — L'Association des idées. — Volume de la collection intitulée. « Bibliothèque internationale de psychologie expérimentale, normale et pathologique », sous la direction du Dr Toulouse ; 425 pp. — Paris, Doin. 1903. XI, 235. *D. M.*

CLOQUET (L.). — Essais sur les principes du beau en Architecture. — Desclée, Gand, 1894. I, 94. *M. D. W.*

COFFEY (Ph. D.), professor of Logic and Metaphysics, Maynooth college, Ireland. — The Science of Logic, an inquiry into the principles of accurate thought and scientific Method. 2 vol., 445 + 359 pp. — London, Longmans, 1912. XIX, 431 ; XX, 247. *M. De Wulf.*

COLLE (Gaston). — Métaphysique d'Aristote. Premier volume, préface de S. Deploige. — Louvain, Paris, 1912. XIX, 432. *M. De Wulf.*

COLLET (J.). — Theologica lucis theoria — Lille, Taffin-Lefort. I, 293. *D. N.*

COLLIN (L.). — La question sociale et l'ordre social, ou Institutions de sociologie, par le R. P. A.-Marie Weiss. Traduction faite sur la deuxième édition avec la collaboration de M. J. Migy. Deux vol. in-8° de 468 et 492 pp. — Paris, Delhomme et Briguet, 1895. II, 437. *J. F.*

COLONNA D'ISTRIA (F.). — Spinoza, Ethique. Traduction inédite du Comte Henri de Boulain-Villiers. — Paris, A. Colin, 1907. XV, 572. *E. Janssens.*

COMMER (Dr Ernst). — Logik (als Lehrbuch dargestellt). — Paderborn, Ferdinand Schöningh, 1897. V, 256. *E Anciaux.*

COMBARIEU (J.). — Les Rapports de la Musique et de la Poésie considérées au point de vue de l'expression. — Paris, 1894. I, 411. *M. D. W.*

COUCHOUD (Paul-Louis). — Benoît de Spinoza. Collection « Les grands Philosophes ». — Paris, Félix Alcan, 1902. XII, 266. *Gaston Faelens.*

COUTURAT (Louis). — De l'infini mathématique. — Paris, Félix Alcan, 1896. IV, 94. *A. W.*

COUTURAT (Louis). — L'Algèbre de la logique. Un vol. in-8° écu de 100 pp. (collection « Scientia »). — Paris, Gauthier-Villars, 1905. XII, 503 *J. Magnielle.*

CRAHAY (Edouard), avocat, licencié en philosophie. — La Politique de Saint Thomas d'Aquin. In-8° de XXIV-156 pp. — Louvain, Institut Supérieur de Philosophie 1896. III, 442. *C. S.*

CROCE (B.). — Esthétique comme science de l'expression et linguistique générale, trad. sur la deuxième édition italienne, par H. Bigot. — Paris, Giard, 1904. XIII, 453. *M. De Wulf.*

CROISET (A.). — Voir : ALLIER.

CROON ROBERTSON (G.). — Elements of Psychology. University extension manuals, edited by professor Knicht. — London, John Murray, 1896. V, 206, *A. Thiéry.*

CROZIER (John Beattie). — History of Intellectual Development. — London, Longmans, Green and C°, 1897. V, 226. *A. Thiéry.*

CROZIER (John Beattie). — History of intellectual development on the lines of modern Evolution, vol. I. — Longmans and C°. London, 1897. IX, 413. *L. Colens.*

CUMONT (Franz). — The oriental religions in roman paganism, translated by Grant Showerman. Un vol. de XXV-298 pp. — Chicago, The open Court, 1911. XIX, 578. *L. N.*

DACQUÉ (Dr Edgar). — Der Descendenzgedanke und seine Geschichte. — München, Ernst-Reinhardt, 1903. XII, 149. *Jos. Homans.*

DALMAN Y GRATACÓS (Frederico). — La Sensación. Estudio psico-fisiologico. 77 pp. Pr. 1 peseta. XV, 330. *Juan Zaragüeta.*

DA COSTA GUIMARAËS (Dr François). — Contribution à la Pathologie des mystiques. Anamnèse de quatre cas, 51 pp. — Paris, Jules Rousset, 1908. XVI, 165. *Natalis.*

DANIELS (P. Augustinus), O. S. B. — Quellen, Beiträge und Untersuchungen zur Geschichte der Gottesbeweise im dreizehnten Jahrhundert mit besonderer Berücksichtigung des Arguments im Proslogion des hl. Anselm. (Beiträge zur Geschichte der Philosophie des Mittelalters), XVII, 402. *M. De Wulf.*

DANZAS (R. P.). — Questions adressées aux philosophes : notes posthumes, écrites en 1840 avec une notice sur le R. P. Hernsheim. Paris, Lecoffre, 1903, X, 231. *D. Mercier.*

DARLU. — Voir : BELOS.

DAURIAC. — Voir : BELOS.

DAVILÉ (Louis), docteur ès lettres. — Leibniz historien. Essai sur l'activité et la méthode historique de Leibniz. Un vol. in-8° de 800 pp. de la collection historique « Les Grands Philosophes ». — Paris Alcan, 1909, fr. 12. XVI. 631. *D. R.*

DE ARINTERO (P. Fr. Juan G.). — La Providencia y la Evolucion. Explicaciones sobre el problema teleologica, 2a parte : Teleologia y Teofobia. — Valladolid, Tip. y casa editorial Cuesta, 1904 ; VIII-230 pp. XII, 283. *P. D'Araujo.*

DE ARINTERO (P. Fr. Juan G.). — Teleologia y Teofobia. Un vol. grand in-8°. — Valladolid, Cuesta, 1904. XI, 233. *M. G. Martinez.*

DE BACKER (P.). — Institutiones metaphysicae specialis. Cosmologia. — Paris, Briguet 1899. VII, 446. *D. Nys.*

DE BACKER (P. Stanislaus), S. J. — Institutiones Metaphysicae specialis. T. II et III : Psychologia. — Paris, Gabriel Beauchesne. XII, 279. *Gaston Faelens.*

DE BIE (J.). — Philosophia moralis. Pars Ia. — Louvain, Ceuterick, 1908. XVI, 163. *G. Simons.*

DE BIE (J.). — Philosophia moralis ad mentem. S. Thomae Aquinatis. Pars II. In-8° de 292 pp. — Louvain, Fr. Ceuterick, 1910. XIX, 332. *J. L.*

DE BROGLIE (Duc). – Preuves psychologiques de l'existence de Dieu. — Paris, Bloud, 1905. XII, 386. *G. Simons.*

DE BROGLIE (Duc). — St Ambroise. (Collection des vies de Saints). VIII, 315. *A. Michotte.*

DE CRAENE (G.). — De la spiritualité de l'âme. Bibliothèque de l'Institut supérieur de Philosophie. Louvain, 1897, t. I. V, 204. *A. Thiéry.*

DE CYON (Elie). — Dieu et Science. Essai de Psychologie des Sciences. Un vol. de XVI-444 pp. — Paris, Félix Alcan, 1910. Prix : 7 fr. 50. XVII, 420. *R. Feys.*

DE CYON (Elie). — Dieu et Science. Essai de Psychologie des sciences. Un vol. in-8° de la Bibliothèque de Philosophie contemporaine, 2e édit. revue et augmentée. — Paris, Félix Alcan. XIX, 320. *J. Lemaire.*

DEDIEU (Joseph), docteur ès lettres, professeur à la Faculté des Lettres de Toulouse. — Montesquieu. Volume in-8° de la collection « Les Grands Philosophes. — Paris, Alcan. Prix : 7 fr. 50. XX, 399. *G. Legrand.*

DE FONVIELLE (W.). — Traduction, avec l'autorisation de l'auteur de : Les limites actuelles de notre science, par le Marquis de Salisbury, premier ministre d'Angleterre. Discours présidentiel prononcé le 8 août 1894, devant le British Association, dans sa session d'Oxford. Paris, Gauthier-Villars, 1895. IV, 92. *D. M.*

DEFOURNY (M.), docteur en Philosophie. — La Sociologie positiviste. Auguste Comte. Un vol. in-8° de 370 pp. — Louvain, Institut supérieur de Philosophie, et Paris, Alcan, 1902. IX, 404. *C. Sentroul.*

DE FREYCINET. — Sur les principes de la Mécanique rationnelle. — Paris, Gauthier-Villars, 1902. X 315. *D. Nys.*

DE GREEF (G.). Problèmes de philosophie positive. — Schleicher, Paris, 1900. VIII, 86. *G. S.*

DE GRYSE (E.-J.). — De Contractu conductionis scolastici disseruit. — Rollarii Flandrorum, 1895. III, 225. *C. S.*

DE GROOT (Dr J.-V.). — Denkers van onzen tijd : Spencer, Du Bois-Reymond, Pasteur, Brunetière, Newman. Un vol. de IX-327 pp. Amsterdam, Veen en Van Langenhuyzen, 6,25 fr. XVII, 419. *Dr Frans De Horre.*

De Groot (J.-V.). — Eenige beschouwingen over « Lapsing intelligence ». 29 pp. Amsterdam, Johannes Müller, 1912. XX, 212. *Fr. Fransen.*

de Groot (J.-V.), O. P. — Het leven van den H. Thomas van Aquino. 2de Geheel herziene druk. — Utrecht, 1907. XX-396 pp. XVI, 134. *M. De Wulf.*

De Groot (P. Mag. J.-V.). Hoogleeraar te Amsterdam. — Leo XIII en de H. Thomas van Aquino. — Amsterdam C. L. Van Langenhuysen, 1895. III, 336. C. S.

De Groot (P. Mag. J.-V.). — Levenswijding, 2e édit 1902. — Amsterdam, C. L. Van Langenhuysen. X, 328. *F. Van Cauwelaert.*

De Groot (Fr. Mag. J.-V.). — Summa apologetica de Ecclesia catholica, ed. 3a. Un vol. in-8o de XVI-915 pp. — Ratisbonne, Manz, 1907. XIV, 262. *L. Noël.*

Dehove (H.). — Essai critique sur le réalisme thomiste, comparé à l'idéalisme kantien. Un vol. de XII-233 pp. — Lille, Facultés catholiques, 1907. Prix : 6 fr. XVI, 122 *L. Noël.* XVI, 625. *P. Scheuer.*

Deike (Dr W.), Oberlehrer. — Wissenschaftliche Beilage zum Program des herzogl. Gymnasiums. Helmstedt. — Ostern, 1897. VI, 92. *D. N.*

De Jaegher (E.). — Institutiones philosophicae. — Rollarii, 1900. VIII, 313. *C. B.*

De Jongh (H.). — L'ancienne faculté de théologie de Louvain au premier siècle de son existence (1432-1540). Ses débuts, son organisation, son enseignement, sa lutte contre Erasme et Luther, avec des documents inédits. Un vol. in-8o de 416 pp. — Louvain, Bureaux de la Revue d'Histoire ecclésiastique, 40, rue de Namur, 1911. Prix : 6 fr. XVIII, 598. *J. Lottin.*

Delacroix (Henri). — Etudes d'histoire et de psychologie du mysticisme. Les Grands mystiques chrétiens. Un vol. de XIX-477 pp. (Bibliothèque de philosophie contemporaine). — Paris, Alcan, 1908. Prix : 10 fr. XV, 568. *L. Noël.*

de la Grasserie (Raoul). — De la psychologie des religions (Biblioth. de la philos. contemp.). — Paris, Alcan, 1899. VII, 354. *A. F.*

De la Mennais (F.). — Essai d'un système de philosophie catholique (1830-1831). Etudes de philosophie et de critique religieuses. Ouvrage inédit, recueilli et publié d'après les manuscrits avec une introduction, des notes et un appendice par Christian Maréchal, égrégé de l'Université. Un vol. — Paris, Bloud, 1906. XIV, 119. *Georges Legrand.*

Delaporte (L.). — Essai philosophique sur les géométries non-euclidiennes. Paris, Noud, 1903. X, 318. *D. Nys.*

de la Vaissière, S. J. — Cosmologie et Psychologie. — Paris, Beauchesne. XX, 393. *M. De Wulf.*

de la Vallée Poussin (L.). — Bodhicaryâvatâra. Introduction à la pratique des futurs Bouddhas, poème de Cantideva, traduit et annoté. Un vol. de XII-144 pp. — Paris, Bloud, 1907. XV, 335. *L. N.*

de la Vallée Poussin (L.). — Bouddhisme. Opinions sur l'histoire de la dogmatique. (Etudes sur l'histoire des religions). Un vol. in-12 de 420 pp. — Paris, Beauchesne, 1909. Prix : 4 fr. XVII, 288. *A. N.*

Delbes. — Voir : Belos.

Delbet. — Voir : Bouasse.

Delbos (V.). — La philosophie pratique de Kant. Un vol. in-8o de IV-756 pp. — Paris, Alcan, 1905. XIV, 122. *C. Sentroul.*

De Lescluze (G.). — Les secrets du coloris. Guide pratique. — Bruxelles, 1901. X, 241. *J. Homans.*

Delmas (P. Carolus), S. J. — Ontologia Metaphysica Generalis. — Paris, Retaux, 1896. IV, 219. *H. C.*

Delmont (Ch.). — Ferdinand Brunetière. — Paris, Lethielleux, 1907. XIV, 587. *Edgar Janssens.*

Del Vecchio (Giorgio), professeur de philosophie du droit à Ferrare. — I presupposti filosofici della nozione del Diritto. — Bologne, Zanichelli. XVI, 158. *Pierre Harmignie.*

Del Vecchio (Giorgio). — Il Concetto della natura e il Principio del Diritto. Un vol. in-8° de 174 pp. — Bocca, Turin, 1908. 5 fr. XVII, 288. *Pierre Harmignie.*

Del Vecchio (Giorgio). — Il fenomeno della Guerra e l'idea della pace. Sassari, 1909, Presse, stab. tip. ditta Giuseppe Desti. XVIII, 450. *P. H.*

Del Vecchio (Giorgio). - L'idée d'une science du droit universel comparé, traduction de M René Francez. — Paris, 1910. Librairie générale de droit et de jurisprudence. XVIII, 450. *P. H.*

Delvove (Jean). — Religion et philosophie positive chez Pierre Bayle. — Paris, Alcan, 1906. XVI, 152. *E. Janssens.*

Delvove (J.). - Rationalisme et tradition. Recherche des conditions d'efficacité d'une morale laïque. Un vol. in-16 de la « Bibliothèque de Philosophie contemporaine. XVII, 428 *Etno.*

De Molinari (G.). — Grandeur et Décadence de la guerre. — Paris, Guillaumin, 1898. VI, 440. *Ed. Crahay.*

de Mun (Comte Albert). — Discours et écrits divers. Tomes IV et V. — Paris, Poussielgue. II, 334. *G. L.*

De Munnynck (O. P.). La conservation de l'énergie et la liberté morale. Collection « Science et Religion ». — Paris, Bloud, 1901. IX, 146. *Ar. B.*

De Munnynck (O. P.). — Prælectiones de Dei existentia. (102 pp.). — Louvain, Uystpruyst-Dieudonné, 1904. XI, 374. *D. M.*

de Pascal (G.). — Le Christianisme. Exposé apologétique. Première partie : La vérité de la Religion. Un vol. in-8° de 560 pp. — Paris, P. Lethielleux, 10, rue Cassette. XII, 14. *A. De Coene.*

de Pascal (G.). — Philosophie morale et sociale. 2 vol. — Paris, Lethielleux, 1894. IV, 87. *J. M.*

Deploige (Mgr). Le conflit de la Morale et de la Sociologie. XVIII, 128. *Defourny.*

de Raaf (N.), Direktor des Kœnigl. Lehrerseminars zu Middelburg. — Die Elemente der Psychologie anschaulich entwickelt und auf die Pädagogik angewandt. Traduit du Hollandais, par W. Rheinen. — Langensalza, H. Beyer und Söhne 1897. VIII, 218. *D. M.*

De Roberty. — Voir : Belos.

de Santanno (P. Manuel Fernandes). — Questões de Biologia. O materialismo em face do dogma. 2 vol. Lisboa, typ. da Casa catholica, 1900. XII, 284. *P. D'Araujo.*

de Sarlo (Francesco). — Idati dell' esperienza psichica. Un vol. in-12 de 419 pp. — Biblioteca del R. Istituto di Studi Sup. di Firenze. 1903. XII, 510. *A. Sattile.*

de Sarlo (Francesco). — Saggi de Filosofia. — Turin, chez Clausen, 1896-97. VI, 451. *C. V.*

Desjardins (Arth.). — De la liberté politique dans l'état moderne. — Paris, E. Plon, Nourrit et Cie, 1894. xv-315 pp. I, 191. *F. D.*

Dessoir (Max). - Vom Zusammenhang zwischen Wissenschaft und Kunst. — Berlin. VII, 350.

Destrée (Dom Bruno), O. S. B. — Une mystique inconnue du xviie siècle. La Mère Jean de Saint-Mathieu Deleloë, xx-325 pp. — Bruges, Société

Saint-Augustin, Desclée, De Brouwer et Cie, 1905. XII, 398. *D. Mercier.*

DEUSSEN (Dr Paul). Allgemeine Geschichte der Philosophie mit besonderer Berücksichtigung der Religionen. Erster Band. Erste Abteilung : allgemeine Einleitung und Philosophie des Veda bis auf die Upanihad's. — Leipzig Brockaus, 1894. Prix : 7 M. III, 111. *M. D. W.*

DEUSSEN (Dr Paul). — Jacob Böhme. Ueber sein Leben und seine Philosophie (Rede gehalten zü Kiel). Kiel, 1897. V, 356. *M. De Wulf.*

DEUSSEN (Dr Paul). - Allgemeine Geschichte der Philosophie mit besondere Beruecksichtigung der Religionen. Bd I. Abth. 2 : Die Philosophie des Upanishad's. — Leipzig, Brockhaus. IX, 124. *M. D. W.*

DE WULF (M.). — Histoire de la philosophie en Belgique. XVIII, 114. *L. Noël.*

DE WULF (M.). — Histoire de la Philosophie médiévale, précédée d'un aperçu sur la philosophie ancienne. — Louvain, Institut Sup. de Phil. 1900, VIII-480 pp. VI, 453. *D. Nys.*

DE WULF (M.). — Histoire de la Philosophie scolastique dans les Pays-Bas et la principauté de Liége jusqu'à la Révolution Française — Alcan, Paris ; et Uystpruyst, Louvain, 1895. II, 337. *Armand Thiéry.*

DIDIOT (J.). — Le Docteur Angélique Saint-Thomas d'Aquin, in-8° de x-316 pp., Société de Saint-Augustin, 1894. II, 220. *J. F.*

DIRR (A.). — Andrew Long. Mythes, cultes et religion, traduit avec la collaboration de A. Dirr, et précédé d'une introduction par Léon Marillier. — Paris, Alcan, 1896. XXVIII-680 pp. III, 437. *Ch. Martens.*

DOMET DE VORGES (Cte). — Les Grands Philosophes : Collection dirigée par Clodius Piat. Saint Anselme. — Paris, Alcan, 1901. IX, 118. *D. Mercier.*

DONAT (Joseph), S. J., Professor an der Universität Innsbruck. — Die Freiheit der Wisschenschaft. Ein gang durch das moderne Geistesleben. Un vol. in-8° de XII-494 pp. — Innsbruck, F. Rauch 1910. XVII, 426. *G. Ryckmans.*

DONAT (Joseph), S. J. — Summa Philosophiæ Christianæ. — Œniponte, Felician Rauch, 1910. — I. Logica. Un vol. in-8° de VIII-149 pp. ; Mk. 1, 36. — III. Ontologia. In-8° de VII-182 pp. Mk. 1, 62. — V. Psychologia. In-8° de VIII-288 pp. ; Mk. 2,55. XVIII, 144. *G. Wallerand.*

DONAT (Joseph), S. J., professeur de philosophie et de théologie à l'Université d'Innsbruck. — Summa Philosophiæ christianæ, t. II, Critica et t. IV, Cosmologia. XV, 393. *M. De Wulf.*

DORANGEON (H.). — R. P. Rolfi, O. F. M. — La Magie moderne ou l'hypnotisme de nos jours. Traduit de l'italien, avec une introduction de Mgr E. Méric. — Téqui, Paris, 1902. X, 110. *L. V. H.*

DORISON (L.). — Voir : ALLIER.

DOUGLAS STERRET (John). — The power of Thought. — New-York, Ch. Schribners, Sons 1896. V, 217. *A. Thiéry.*

DRAGHICESCO. — Le problème du déterminisme social. - Paris, 1903. XI, 106. *D. M.*

DREWS (Dr Arthur). — Voir : SCHELLING.

DROBISCH. — Empirische Psychologie nach naturwissenschaftlicher Methode ; 2te auflage 1898. — Hamburg, Verlag von Voss. M. C. VII, 461. *C. L.*

DUBOC (Dr Julius). — Das Ich und die Uebrigen. — Leipzig, Nigand, 1897. V, 223. *A. Thiéry.*

DUBRAY (Charles), S. M. — The theory of psychical dispositions, publié parmi les Psychological studies from the catholic University of America. Edited by E. A. Pace (Monograph Supplements de la Psychological Review). - The Macmillan Company, 1905. XIV, 599. *L. Kersten.*

DUGAST (F.). — Le droit de vivre et ses

conséquences rationnelles. — Paris, V. Giard et E. Brière. — La propriété devant le droit naturel. — Paris, même librairie. XII, 278. *Gaston Faelens.*

Duhem (Pierre), professeur à la faculté des Sciences de Bordeaux. — Études sur Léonard de Vinci. Ceux qu'il a lus et ceux qui l'ont lu, 1re série, 1906; 2e série, 1909. XVII, 413. *M. DeWulf.*

Duhem (Pierre). — Les Précurseurs parisiens de Galilée. — Paris, Librairie scientifique A. Hermann, 1913, 605 pp. XX, 547. *M. De Wulf.*

Dumas (Georges). — La tristesse et la joie. — Paris, Alcan, 1900. 7,50 fr. VII, 461. *C. L.*

Dumesnil (Georges). — Le Spiritualisme. — Paris, Société française d'imprimerie et de librairie, 1905. XII, 378. *Edgar Janssens.*

Dumesnil (Georges). — Les conceptions philosophiques perdurables. Un vol. in-8°. — Paris, G. Beauchesne. 6 fr. XVII, 418. *C. Mathieu.*

Dummermuth (P. F. A.-M.). — Defensio doctrinæ S. Thomæ Aq. de præmotione physica; seu responsio ad R. P. V. Frins, S. J. In-8°, VI-436 pp. — Parisiis, P. Lethielleux. III, 219. *C. R. D.*

Dumont (Arsène). — La morale basée sur la démographie. — Paris, 1901. IX, 141. *J. L.*

Dunan (Ch.). — Théorie psychologique de l'Espace. — Paris, Alcan. III, 330. *D. N.*

Duprat (G.-L.), Les causes sociales de la folie. — Paris, Alcan, 1900. VIII, 314. *G. S.*

Dupréel (E.), professeur à l'Université de Bruxelles. — Le rapport social. — Paris, Alcan. Prix : 5 fr. XX, 118. *G. Legrand.*

Durand (J.-P.) (De Gros). — Nouvelles recherches sur l'esthétique et la morale. Paris, Félix Alcan 1900. VII, 353.

Durkheim. — Voir : Bouasse.

Du Roussaux (L.), professeur de philosophie à l'Institut Saint-Louis à Bruxelles. — Éléments de Logique. — Bruxelles, Société belge de Librairie. II, 120. *C. D.*

Du Roussaux (L.), professeur à la Faculté de Philosophie et Lettres de l'Institut Saint-Louis à Bruxelles. — Ethique. Traité de Philosophie morale. Un vol. de XI-309 pp. Prix : 3 fr. — Bruxelles, Albert Dewit. 1908. XV, 307. *Nicolas Balthasar.*

Dwelshauwers (Georges). — Raison et Intuition. Étude sur la philosophie de M. Henri Bergson. — Édition de la Belgique artistique et littéraire. XIV. 140. *Edgar Janssens.*

Dwelshauwers (Georges). — La Synthèse mentale. Un vol. in-8°. 276 pp. Paris, Alcan; (Bibliothèque de philosophie contemporaine), 5 fr. XVI, 485. *L. Noël.*

Ehrhardt (E.). — Voir : Allier.

Einig (P.). — Institutiones dogmaticæ. Tractatus de Deo creante et de Deo consummante. — Treveris 1898. VI, 81. *D. Nys.*

Eisler (Rudolf). — Handwörterbuch der Philosophie. — Berlin, Mittler und Sohn, 1913, 802 pp. XX, 559. *M. De Wulf.*

Eisler. — Wundt's Philosophie und Psychologie. — Leipzig, Barth, 1902. XI, 220. *J. Homans.*

Eisler (Dr R.). — Philosophen-Lexicon, Leben, Werke und Lehren der Denker. — Berlin, Mittler. 1912. Prix : 16 Mks. XIX, 151. *M. De Wulf.*

Eleutheropulos (Dr Abr.). — Ueber das Verhältniss zwischen Platon's und Kant's Erkenntniss-theorie. — Uster, Frey, 1896; 32 S. V, 462. *A. P.*

Endres. — Honorius Augustodunensis. Beitrag zur Geschichte des Geistigen Lebens im 12. Jahrh. 1906. XVI, 131. *M. De Wulf.*

Endres. — Thomas von Aquin. Mainz, 1910. XX, 102. *M. De Wulf.*

ENGERT (Joseph), Dr phil. et theol. — Hermann Samuel Reimarus als Metaphysiker. Ein Beitrag zur Geschichte der Metaphysik. — Paderborn, Ferdinand Schöningh, 1909; 160 S. Mk. 3. XVI, 331. *H. D.*

ERNESTI (Konrad). — Die Ethik des Titus Flavius Clemens von Alexandrien oder die erste zusammenhangende Begründung der christlichen Sittenlehre. Zugleich ein Beitrag zur Geschichte der einschlägigen Wissenschaften. — Paderborn, Schöningh, 1900. IX, 293. *E. V. R.*

ESSER (Fr. Thomas) (Ord. Praed.). — Die Lehre des hl. Thomas von Aquino über die Möglichkeit einer anfangslosen Schöpfung. — Münster 1895, Aschendorff Buchhandlung. III, 226. *D. H.*

EUCKEN (Rudolf). — Gesammelte Aufsätze zur Philosophie und Lebensanschauung. — Leipzig, 1903. XII, 153. *D. Mercier.*

FABRE (J.). — La pensée chrétienne. Des Evangiles à l'Imitation de Jésus-Christ. Paris, Alcan, 1905. XIII, 455. *M. De Wulf.*

FABRE (Joseph). — La pensée moderne. De Luther à Leibniz, 563 pp. — Paris, Alcan, 1907. Prix : 8 fr. XVII, 579. *Ed. Jassens.*

FAGGI (A.). — Sulla natura delle proposizioni logiche. — Palermo, Alberto Reber, 1898. V, 456. *E. Anciaux.*

FARGES (Albert). — L'idée de Dieu d'après la raison et la science. Paris, 1894. I, 300. *D. M.*

FARGES (Albert). — La Liberté et le Devoir. Fondements de la Morale et critique des systèmes de Morale contemporains. — Paris, Berche et Tralin, in-8°, de 518 pp. 1902. IX, 518. *D. M.*

FARGES (Albert). — La crise de la certitude. Étude des bases de la connaissance et de la croyance, avec la critique de néo-kantisme, du pragmatisme, du newmanisme. etc. Un vol. grand in-8° de 396 pp. — Paris, 1907. Prix : 5,50 fr. XIV, 267. *G. Sentroul.*

FARGES (Mgr Albert). — La Philosophie de M. Bergson. Un vol. in-8°, 440 pp. — Paris, 5, rue Bayard. XX, 105. *M. De Wulf*; XX, 234. *L. Du Roussaux.*

FARGES (Mgr Albert). — Théorie fondamentale de l'acte et de la puissance, ou du mouvement avec la critique de la Philosophie nouvelle ou du modernisme philosophique. Septième édition entièrement refondue. Un vol. in-8° de 443 pp. — Paris, Berche et Tralin, 1909. Prix : 6,50 fr. XVIII, 286. *N. Balthasar.*

FAVRE (Louis). — La Méthode dans les choses de la vie courante. — Paris, 1899. IX, 141. *J. M.*

FAVRE (Louis). — Bibliothèque des Méthodes dans les sciences expérimentales, publiée sous la direction de — I. La Méthode dans les Sciences expérimentales, par le même, II. L'organisation de la Science, par le même. IX, 140. *R. R.*

FAVRE (Julien), professeur à l'école normale du canton de Fribourg (Suisse). — Lacordaire orateur. Sa formation et la chronologie de ses œuvres. Un vol. grand in-8° de 599 pp. — Paris, Poussielgue, 1906. XIV, 275. *Georges Legrand.*

FAYE (E. de). — Voir : ALLIER.

FÉRÉ (Ch.). — Sensation et Mouvement. Études expérimentales de Psycho-Mécanique, 2e édit. — Paris, Alcan, 1900. Un vol. in-12 de la Bibl. de philosophie contemporaine, 170 pp. ; 2 fr. 50. VII, 346. *L. N.*

FERMI (Stefano). — Lorenzo Magalotti scienzato e letterato (1637-1722). — Piacenza, Bertola e Cie, 1903. XII, 141 *A. De Coene.*

FERRARI (Paolo). — I tre ordini della conoscenza umana. — Genova, Fassicomo e Scotti, 1897. V, 215. *A. Thiéry.*

FERRARI (Lorenzo Paolo). — Il popolo che cosa fu-che cos'èche cosa dev' essere. Saggio intorno alla Quistione sociale. Genova, 1902. IX, 409. *Jos. Lottin.*

Ferrari (Prof. L. Paolo). — I tre ordini della conoscenza umana. — Genova, 1897. I fondamenti della morale e del diritto. — Genova, 1899. X, 233. *J. C.*

Ferreira-Deusdado, présidente honorario de terceiro congresso internacional de anthropologia criminal e vice-presidente de congresso penitenciario internacional de S. Petersburgo, etc. A anthropologia criminal eo congresso de Bruxellas. — Lisboa 1894. II, 118. *Is. Maus.*

Festugière, O. S. B. — La Liturgie catholique. Essai de synthèse, suivi de quelques développements. - Abbaye de Maredsous; Louvain, Pierre Desbarax. Prix : 3 fr. 50. XX, 558. *Ed. Janssens.*

Fischer (Mgr Dr Engelbert Lorenz). — Der Triumph der Christlichen Philosophie. Eine Festgabe zur Säcularwende. — Mainz, Franz Kirchheim, 1900. XI, 503. *Van Tichelen.*

Foerster (F.-W.). — L'École et le caractère. La Pédagogie de l'obéissance et la réforme de la discipline scolaire. Traduit de l'allemend par Pierre Bovet. Un vol. in-16 de 283 pp. de la « Collection d'Actualités pédagogiques ». — Saint-Blaise, Foyer solidariste, 1910; 2e édit. revue : 3 fr. XVII, 284. *G. Ryckmans.*

Fontaine (J.). - Le modernisme sociale. Décadence ou régénération. — Paris, Lethielleux. XIX, 571. *G. Legrand.*

Foucher. — Oldenberg : Le Bouddha, sa vie, sa doctrine, sa communauté, traduit de l'allemand, avec une préface de Sylvain Lévi. Deuxième édition française. — Paris, Alcan, 1903. X, 222. *T. Golliez.*

Foucher de Careil (Comte). — Descartes, la princesse Élisabeth et la Reine Christine, d'après des lettres inédites. Nouvelle édition. Un vol. in-8°. — Paris, Alcan. Prix : 4 fr. XVI, 164.

Fouillée (Alfred). — La France au point de vue moral. Un vol. in-8 de 412 pp. — Paris, Alcan, 1900, X, 115. *Fern. Deschamps.*

Fouillée (Alfred). — La pensée et les nouvelles écoles anti-intellectualistes. 2e édit. Un vol. in-8°. — Paris, F. Alcan. Prix: 7 fr. 50. XVIII, 601. *J. Henry.*

Fournet (Dr). — Pensées philosophiques. Préface par M. Gardair. Un vol. Prix : 7 fr. 50. — Paris, Lethielleux. X, 120. *J. Malotaux.*

Frémont (G.). - Les Origines de l'univers selon la Bible et les sciences. In-12 de 312 pp. — Paris, Berche et Tralin, 1898. VII, 318. *J. F.*

Frick (C.). — Logica. — 3e édit., Fribourg en Brisgau, Herder 1902. X, 223. *G. Simons.*

Frick (C.), S. J. — Logica in usum scholarum. — In-12, de VIII-296 pp. — Fribourg-en-Brisgau, Herder, 1894. I, 413. *J. F.*

Frick (C.), S. J. — Ontologia sive Metaphysica generalis in usum scholarum. — In-8° de VIII-204 pp. — Friburgi Brisgoviae, sumptibus Herder, 1894. II, 330. *J. F.*

Frick (C.), S. J. — Ontologia sive Metaphysica generalis in usum Scholarum. — Quatrième édition revue et augmentée. Fribourg en Brisgau, Herder, 1911. Prix : 3 fr. 50; relié : 5 fr. XIX, 134. *M. De Wulf.* XX, 121. *M. Balthasar.*

Frischeisen-Köhler (Dr Max). — Abriss der Geschichte der Philosophie von Chr. Joh. Deter. 9e edit. pp. 178. — Berlin, Verlag von W. Weber, 1910. Br. 3,20 Mk.; rel. 4,20 Mk. XVII, 289. *G. Wallerand.*

Froget (R. P. Barthélemy), maître en théologie, de l'ordre des Frères Prêcheurs. — De l'Habitation du Saint-

Esprit dans les âmes justes. — Paris, Lethielleux. VIII, 100. *D. M.*

FRÖHLICH (Dr). — Die Individualitaet.— Stuttgart, 1897. IX, 143 *J. C.*

FUHRICH (Dr Max), S. J., Jur. utr. Dr. — Rechtssubjekt und Kirchenrecht. I. Teil : Was ist ein Recht ? Das wesen des Rechts im subjektiven Sinne. Un vol. de 232 pp. — Wien und Leipzig, Wilhelm Braumüller, 1908. XVI, 630. *P. Harmignie.*

GAILLARD (Gaston). — Une vie contemporaine. — Paris, Librairie C. Reinwald Schleicher Frères, éditeurs, X, 117. *G. Baudhuin.*

GAILLARD (Gaston). — De l'étude des phénomènes au point de vue de leur problème particulier. — Paris, Schleicher, 1903. XI, 499. *G. Simons.*

GAILLARD (Gaston). — Nobilisme. — Paris, Société française d'imprimerie et de librairie, 1909. XVII. 428. *P. Christe.*

GABRYL (Fr). — Filozofia przyrody (Philosophie de la nature). Un vol. in-8° de XIII-460 pp. — Cracovie, Gebethner et Wolf. XVIII, 144. *C. Michalski.*

GARDAIR (M.-J.). — La connaissance. 1 vol. in-12 de 304 pp. — Paris, Lethielleux, 1895. II, 432. *E. Paillaube.*

GARDAIR (M.-J.), professeur libre de philosophie à la faculté des Lettres de Paris, à la Sorbonne. — La nature humaine. — Paris, 1896. IV, 224. *T. V. B.*

GARDAIR (M.-J.). — Les vertus naturelles.— Paris, P. Lethiellieux. IX, 124. *D. Mercier.*

GAUDEAU, S. J. — Le besoin de croire et le besoin de savoir. VI, 326. *D. M.*

GAUL (Léopold). — Alberts des Grossen Verhältnis zu Plato. Münster, 1913. XX, 512. *M. De Wulf.*

GAULTIER (Paul). — L'Idéal Moderne. La question morale ; la question sociale ; la question religieuse. Un vol. de VII-355 pp. — Paris, Hachette, 1908. Prix : 3 fr 50. XV, 430. *P. Harmignie.*

GAULTIER (Paul).— La vraie éducation. Un vol. in-16 de XI-283 pp. — Paris, Hachette. 1910. Prix : 3 fr. 50. XVII, 586. *G. Ryckmans.*

GAULTIER (Paul). — La pensée contemporaine. Les grands problèmes. Un vol. de 312 pp. — Paris, Hachette, 1911. XVIII, 610.

GAUTHIER (Alfred). — Avant-projet de code pénal suisse ; partie générale, par Carl Stooss (en allemand), avec traduction en regard par Alfred Gauthier. — Bâle et Genève, Von Georg et Cie, 1893. I, 202. *I. M.*

GAYRAUD (H.), ancien professeur à l'Institut catholique de Toulouse.— Saint Thomas et le prédéterminisme ; in-16. — Paris, Lethielleux, 1895. II, 218. *J. F.*

GAYRAUD (H.). — Les Démocrates Chrétiens. — Paris, V. Lecoffre, 1899. VI, 214. *J. V. C.*

GAYRAUD (H.). — Un catholique peut-il être socialiste. — Paris, Bloud, 1904. XII, 280. *Defourny.*

GAZAGNOL (Prof. Germain). — Die neue Bewegung des Katholizismus in Frankreich. In-12, 450 S. — München, Schuh, 1903. XI, 212. *F. Martin.*

GELABERT et D. JOANNE MAURA. — De vita sensitiva et de anima brutorum. — Oriolae, 1899. X. 321. *D. Nys.*

GEMELLI (A.). — Del valore dell' experimento in psicologia, 64 pp. — Milan, La Scuola cattolica. XV, 149. *A. Michotte.*

GEMELLI (Fra Agostino). — Il segreto per esser felici. Conferenza — Milano, 1908. XVI, 336. *Carmelo Scalia.*

GEMELLI (Dott. Fr. Agostino). — Le dottrine moderne della delinquenza. Critica delle dottrine criminali positiviste. — Firenze, Libreria editrice Fiorentina 1908 ; XV-159 pp. XVI, 481. *Carmelo Scalia.*

GEMELLI (Dott. Ag.), O. M. — L'Enigma della vita e i nuovi orizzonti delle scienze biologiche. Un vol. in-8° de 598 pp. — Firenze, Libreria editrice

Zweite Aufl. — Leipzig, Veit et C°, 1909. VIII-483 pp. Pr. 12 Mk. XVII, 265. *A. Mansion.*

Goujon (H.). — Les ennemis de la raison, la philosophie de la volonté et l'apologétique de l'immanence. — Lille, Morel, 1904. XII, 508. *Edgar Janssens.*

Gourd (J.-J.). — Les trois dialectiques. — Genève, Georg et C°. 1897. V, 459. *E. Anciaux.*

Gourd (J.-J.). — Philosophie de la Religion. Préface de M. Boutroux. Un vol. in-8° de la « Bibliothèque de Philosophie contemporaine ». — Paris, Alcan. Prix : 5 fr. XIX, 326. *A. B.*

Grabmann (Martin). — Der Gegenwartswert der geschichtlichen Erforschung der mittelalterlichen Philosophie. — Wien, Herder, 1913, p. 94. XX, 541. *M. De Wulf.*

Grabmann, professeur au Lycée épiscopal d'Eichstath. — Die Geschichte der scholastischen Methode nach den gedruckten und ungedruckten Quellen dargestellt. I. Band : Die Scholastische Methode von ihren ersten Anfängen in der Väterliteratur bis zum Beginn des 12. Jahrhunderts. Gr. in-8° (XIV-354 S.). — Freiburg, 1909. XVII, 396. *M. De Wulf.*

Grabmann. — Die Geschichte der scholastischen Methode. Nach den gedruckten und ungedruckten Quellen bearbeitet. Zweiter Band : Die scholastische Methode im 12. und beginnenden 13. Jahrhundert, gr. in-8° (XIV-586 S.). — Freiburg, 1911, Herdersche Verlagshandlung. M. 9, geb. in Kunstleder M. 10,40. XIX, 422. *M. De Wulf.*

Grabmann (Martin), Dr Theol. et phil. — Die Lehre des Heiligen Thomas von Aquin von der Kirche als Gotteswerk, 319 pp. — Regensburg, Verlagsanstalt von G. J. Manz. XI, 222. *L. D.*

Grabmann (Martin). — P. Heinrich Denifle, O. P. Eine Würdigung seiner Forschungsarbeit. — Mainz, Kirchheim, 1906, 62 S. XIII. 350. *A. Pelzer.*

Grabmann (Martin). — Thomas von Aquin. — Kösel, Kempten. 1912. Sammlung Kösel. XIX, 134 ; XX, 102. *M. De Wulf.*

Gredt (P. Jos.), O. S. B., professeur de philosophie au Collège Saint Anselme de Rome. — Elementa philosophiae aristotelico-thomisticae. Deuxième éd., augmentée et corrigée. Deux vol. in-8°. — Fribourg en Brisgau, Herder, 1912. Prix : 17 fr. 75 ; reliés : 20 fr. 75. XIX, 134. *M. De Wulf.* XX, 120. *N. Balthazar.*

Gredt (P. Jos.), O. S. B. — Elementa Philosophiae Aristotelico-Thomisticae. — Roma, 1899. VI, 323. *R. P. S.*

Gründer (Hubertus), S. J — « De qualitatibus sensibilibus et in specie de coloribus et sonis ». (Cum tabula picturarum tribus coloribus confectarum). Friburgi (Brisgoviae), B. Herder, 1911. XIX, 331. *A. Groegaert.*

Guastella (G.). — Dottrina di Rosmini sull' essenza della materia. Deux fascicules de 20 + 17 pp. Palermo, tipografia « Boccone del Povero », 1901. XII, 513. *A. Sottile.*

Guastella (G.). — Filosofia della Metafisica. Saggio secondo sulla teoria della conoscenza. Deux vol. in-8° de 755 + 1015 pp. Palermo, Remo Sandron editore, 1905. XII, 516. *A. Sottile.*

Guettler (Dr C.). — Psychologie und Philosophie. Ein wort zur Verständigung. — München, Piloty et Loehle, 1896. V, 211. *A. Thiéry*

Guibert (J.). — Le Caractère. — Paris, Poussielgue, 1905. XIII. 99. *Edgar Janssens.*

Guibert (J.).— Les Croyances religieuses et les Sciences de la nature. — Paris. Beauchesne ; 320 pp. Prix : 3 fr. XV, 585. *L. Dechamps.*

Guillaume, curé-doyen de Beauraing. — Collection de Classiques chrétiens comparés. — Tournai, Desclée et de Brouwer, 1895. II, 443. *D. M.*

GUTBERLET (Dr Const.). — Die Psychologie, XIV-557 pp. — Münster L. W., Theissing, 1896, 4 M. — Der Mensch, sein Ursprung u. seine Entwicklung. IV-620 pp. — Paderborn, F. Schöningh, 1896, 10 M. IV, 220. *A P.*

HAAN (H.), S. J. — Philosophia Naturalis in usum scholarum, in-8° VIII-220 pp. — Friburgi, Brisgoviae, sumptibus Herder, 1894. II, 331. *J. F.*

HABERT (O.), professeur au Grand Séminaire de Meaux. — La religion de la Grèce antique, XXIV-582 pp. — Paris, Lethielleux, 1910. XVIIII, 608. *A. Mansion.*

HABRICH (L.), Seminar-Oberlehrer. — Pädagogische Psychologie — Erster Teil : Das Erkenntnisvermögen. — Kempten, Jos. Kösel, 1901. X, 119. *J. Homans.*

HABRICH (L.). — Leven en Ziel — twee voordrachten vertaald uit het duitsch door G. Siméons. - Brugge, Van de Vyvere, 1907. Prijs : 0,65. XV, 149. *Kersten.*

HABRICH (L.). — Pedagogische Zielkunde, naar de tweede uitgave uit het duitsch vertaald door G. Siméons. Eerste deel : Het kenvermogen. — Brussel, J.-B. Willems, XXXIX-279 blz. XI, 108. *Frans van Cauwelaert.*

HABRICH (L.). — Pedagogische Zielkunde, uit het duitsch vertaald door G. Siméons IIe deel : Het Streefvermogen. In-8° XIV-545 blz. — Brugge, Van de Vyvere-Petyt, 6 fr. XIV, 261. *L. Kersten.*

HABRICH (L.). — Leben und Seele, Zwei Vorträge — Jos. Kösel'schen Buchhandlung. — Kempten, 1904. XI, 385. *D. M.*

HABRICH (L.). — Pädagogische Psychologie. Ersten teil : Das Erkenntnisvermögen. 3e auflage — Kempten, Kösel, 1908. XV, 336. *K.*

HABRICH (L.). — Psychologie pédagogique, traduite sur la 4e édition allemande « Pädagogische Psychologie », par G. Siméons et Fr. De Hovre. Vol. I : La faculté cognitive. 240 pp. — Liége, H. Dessain ; Kempten, Kösel. XX, 111. *Fr. Fransen.*

HACHET (P.). — Souplet. Examen psychologique des animaux. — Paris, Schleicher Frères. VIII. 426. *J. C.*

HALÉVY (Élie). — La Théorie platonicienne des sciences. 1 vol. in-8°. — Paris, F. Alcan, 1896. IV, 95. *D. N.*

HALÉVY (Elie). — La Formation du Radicalisme philosophique, 2 volumes. — Paris, Alcan, 1901. IX, 142 *M. D F.*

HALÉVY (Élie). — La formation du radicalisme philosophique. t. III : Le radicalisme philosophique. — Paris, Félix Alcan, 1904. XI, 379. *M. D. F.*

HALLEUX (J.). — Les Principes du positivisme contemporain. Exposé et critique. Louvain, Institut Supérieur de Philosophie, 1895. III, 101. *M. De Wulf.*

HALLEUX (J.). — L'Evolutionisme en morale. — Louvain et Paris, 1901. VIII, 432. *M. D. W.*

HAMELIN (O.). — Aristote, Physique II. Traduction et commentaire. In-8°, 172 pp. — Paris, Alcan, 1907. XV, 563. *J. Latinus.*

HANNEQUIN. — Essai critique sur l'hypothèse des atomes dans la science contemporaine. — Paris, Alcan, 1899. VII, 454. *D. Nys.*

HATZFELD (Ad.). — Pascal (Collection « Les Grands Philosophes »). — Paris, Félix Alcan. IX, 421. *P. S.*

HATZFELD. — St Augustin. (Collection des Vies de Saints). VIII, 314 *A. Michotte.*

HAUSTRATE et AUGER. — Cours complet de pédagogie, à l'usage des écoles normales. Tome I. — Tournai, Decallonne-Liagre, 1900. VII, 162. *D. M.*

HEDDE. — Quæstiones disputatæ de anima de Saint Thomas. — Lyon. XIV, 132. *M. De Wulf.*

HELWIG (Paul Iwan). — Eine Theorie des Schönen, Mathematisch-Psychologischen Studie. — Amsterdam, Delsman et Noltheenius. VII, 350.

HERMANT et VAN DE WAELE. — Les principales théories de la logique contemporaine. Paris, Alcan, 1909. XVI, 126. *L. Noël.*

HERNSHEIM. — Questions adressées aux philosophes : Notes posthumes, écrites en 1840 avec une notice sur le R. P. Hernsheim, par le R. P. Danzas. Paris, Lecoffre, 1903. X, 231. *D. Mercier.*

HERRERA (Juan). — Pensamientos Filosoficos, 28 pp. — Lo Paz, imprenta y litografia-boliviana, 1911. XIX, 148.

HERTLING (Dr Georg Freih. von). — Beitrage zur Geschichte der Philosophie des Mittelalters. — Texte und Untersuchungen. Band II, herausgegeben von Dr Clemens Baeumker und Dr Georg Frei. von Hertling. — Munster, Aschendorf. III, 333. *M. De Wulf.*

HEYFELDER (Victor). — Ueber den Begriff der Erfahrung bei Helmholtz. — Berlin, R. Gaertner's Verlagsbuchhandlung, 1897. V, 219. *A. Thiéry.*

HICKS (M. A.).—Aristotle De Anima with translation, introduction and notes. — Cambridge. University Press. 1909. LXXXIII-626 pp. Pr. 18 S. XVII, 273. *A. Mansion.*

HINNEBERG (Paul). — Die Kultur der Gegenwart. Allgemeine Geschichte der Philosophie (I, V. Berlin, 1909). Baeumker. — Die Europaische Philosophie des Mittelalters. XVII, 395. *M. De Wulf.*

HISCHER (Wilhelm). — Die Einrichtung und der Entwickelungsgang der Schöpfung. — Lissa i/p., Königr. Preussen. VI, 87. *D. Nys.*

HITZE (Dr Fr.). — La Quintessence de la Question sociale, traduit par J.-B. Weyrich. — Louvain, 1896. IV, 89 *H. M.*

HÖFFDING (Harald). — Esquisse d'une psychologie fondée sur l'expérience, traduction par Poitevin. — Paris, Alcan, 1900. VIII, 88. *C. L.*

HÖFFDING (Harald).— Histoire de la Philosophie moderne. Traduit de l'allemand par P. Bordier. 2 vol. 2me édit. 1908. Bibliothèque de philosophie contemporaine. — Paris, Alcan. XVII, 580. *J. Lemaire.*

HÖFFDING (Harald). — Philosophie de la religion. Bibliothèque de la philosophie contemporaine. — Paris, Alcan, 1908. XVI, 313. *Nicolas Balthasar.*

HONTHEIM (J.), S. J. — Institutiones theodicææ sive theologiæ naturalis secundum principia S. Thomæ Aquinatis ad usum scholasticum accomodavit. In-8° de x-832 pp. — Fribourg-en-Brisgau, Herder, 1893. I, 146. *J. F.*

HONTHEIM (J.), S. J. — Der logische Algorithmus. — Berlin, F. Dames. IX, 148. *J. H.*

HORNICH (Dr). — Viertes Jahrbuch des Vereins für Christ. Erziehungswissenschaft. 422 S.— Kempten, Kösel, 1912. 6 M. XX, 404. *Frans De Hovre.*

HORTEN (M.), Privatdozent für orientalische Sprachen an der Universität Bonn. — Die speculative und positive Theologie des Islam nach Razi († 1209) und ihre Kritik durch Tuti († 1273), nach Originalquellen übersetzt und erläutert. Mit einem Anhang : Verzeichnis philosophischer Termini im Arabischen. Un vol. in-8° de VI-384 pp. — Leipzig, O. Harrassourtz, 1912. XX, 236. *J. Forget.*

HUBER (Dr Sebastian), O. professeur für Philosophie am kgl. Lyzeum in Freising. — Grundzüge der Logik und Noëtik im Geiste des hl. Thomas von Aquin. 168 pp. — Paderborn, Druck und Verlag von Ferdinand Schöningh, 1906. Preis : Mk. 2,50. XV, 123. *E. Gribomont.*

HUGON (R. P.), O. P. — Cursus philosophicus. 1er vol. : Logica, 500 pp. — Paris, Lethielleux. XIV, 254. *G. Simons.*

HUGON (R. P. Ed.), O. P. — Philosophia naturalis. Pars prima : Cosmologia. — Parisiis, Lethielleux, 1908. XV, 312. *D. Nys.*

HUGON (R. P. Ed.), O. P.— Cursus philosophiæ thomisticæ ad theologiam doctoris angelici propædeuticus. — Parisiis, Lethielleux. XVIII, 274. *D. Nys.*

HUIT (Ch.). — Les origines grecques du stoïcisme. — Paris, 1900. VII, 357. *M. D. W.*

HUIT (Ch.). — La Philosophie de la nature chez les anciens. — Paris, Fontemoing, 1901. IX, 114. *D. Nys.*

HUIT (Ch.), professeur honoraire de l'Institut catholique de Paris. — La vie et les œuvres de Ballanche. Un vol. in-8° de 376 pp. — Paris-Lyon, Librairie catholique, Emmanuel Vitte, 1904. XII, 402. *G. Legrand.*

INGENIEROS (José). — Principios de Psicologia Biologica, 471 pp. — Madrid, Jorro, 1913. XX, 405. *J. Van Mollé.*

INGEGNIEROS (José). — Psicologia genetica (Historia natural de las funciones psiquicas). Un vol. de 351 pp. — Buenos-Aires, 1911. XIX, 318. *Juan Zaragüeta.*

IZOULET (J.). — La Cité moderne. Métaphysique de la Sociologie. — Paris, F. Alcan. II, 441. *H. M.*

IZQUIERDO (Alberto Gómez). — Historia de la Filosofia del siglo XIX. — Zaragoza, Cecilio Gasca, 1903, XIX-600 pp. XI, 109. *A. P.*

IZQUIERDO (Alberto Gómez). — Nuevas direcciones de la Logica. — Madrid, Libreria de Victoriano Suarez. XV, 142. *Juan Zaragüeta.*

JACKS (L. P.), M. A. — The Alchemy of Thought. In-8° de VIII-349 pp. — London, Williams and Norgate, 1910 ; 10 S.6 d. XVIII, 140. *E. Boyd Barrett.*

JAEGER (Joannes, D[r] phil.). — Wille und Willenstörungen. — Beyer, Langensalza, 1897 ; in-8° de 28 pp. ; 40 Pf. VII, 347. *L. N.*

JAESCHE (Emmanuel). — Die Grundzüge einer allgemeinen Weltanschauung. — Leipzig, 1897. VI, 82. *D. Nys.*

JAMES (William). — Human Immortality. — Boston and New-York, Houghton Mifflin and C°, 1898. VIII, 340. *J. C.*

JAMES (William). — L'expérience religieuse. Essai de psychologie descriptive. Traduit par M. Frank Abauzit. — Paris, Alcan, 1906. XIV, 136. *Edgar Janssens.*

JAMES (William). — Précis de Psychologie, traduit par E. Baudin et G. Bertier. Un vol. in-8° de XXXVI-631 pp. de la Bibliothèque de Philosophie expérimentale. — Paris, Rivière, 1909. Prix : 10 fr. XVII, 142. *L. Noël.*

JAMES (William). — Varieties of religious experience. Traduit en français par Frank Abauzit. — Paris, Alcan, 1906. XVI, 304. *Nicolas Balthasar.*

JANSSENS (E.). — La philosophie et l'apologétique de Pascal. — Louvain, Institut supérieur de Philosophie ; Paris, Alcan, 1906. XIII, 456. *M. De Wulf.*

JANSSENS (Laurentius), S. T. D. — Prælectiones de Deo uno, quas ad modum commentarii habebat.— Romæ, typis vaticanis, 1899. — Tomus primus. VII, 205. *Th. V. B.*

JANSSEN (P. Rosarius). — Die Quodlibeta des hl. Thomas von Aquin. Ein Beitrag zu ihrer Würdigung und eine Beurteilung ihrer Ausgaben. — Bonn, 1912. XIX, 430. *M. De Wulf.*

JEANNIÈRE, S. J. — Criteriologia. — Paris, Beauchesne. XX, 393. *M. De Wulf.*

JELINEK (Dr Jur. Ludwig). Elementare Metaphysiek. Selbstverlag des Verfassers, Zdolbunow, Russland. In-8° de 58 pp. XVIII, 451.

JERVIS. — La Gloriosa Rivelazione intorno alla creazione del Mondo. — Firenze, 1902. XI, 105. *T. G.*

JEUDON (L.). — La morale de l'honneur.

Un vol. in-8° de 246 pp. — Paris, Alcan, 1911. XVIII, 609. *A. Moustiers.*

JIMENEZ (Juan Aguilar). — La Crisis de la Constitución del Derecho de propiedad en la sociedad contemporanea.— Madrid, 1907 ; 54 pp. 1 peseta. XV, 160. *J. Z.*

JOB. — Voir : BOUASSE.

JOLY (Henri). — Psychologie des Saints. — Paris, V. Lecoffre, 1898. V, 209. *A. Thiéry.*

JOLY (Henri). — Malebranche. — Paris, Alcan, 1901. (5e Volume de la collection « Les Grands philosophes ». VIII, 427. *J. C.*

JOLY (Henri). — Sainte Thérèse. 1 vol. in-12. (Collection « Les Saints ». — Paris, Lecoffre, 1901. IX, 147. *Ar. B.*

JOUSSAIN (André). — Romantisme et Religion. Un vol. in-16 de 180 pp. de la Bibliothèque de philosophie contemporaine. — Paris, Félix Alcan, 1910. Prix : 2 fr. 50. XVIII, 142. *G. Wallerand.*

JOUSSET (Dr P.), médecin de l'hôpital Saint-Jacques. — Essai d'une doctrine spiritualiste en médecine. — Paris, Baillière et fils. 1897. V, 214. *A. Thiéry.*

JOYAU (E.), professeur de philosophie à l'Université de Clermont. — Epicure. Un vol. de 222 pp (Collection des grands philosophes. — Paris, Alcan, 1910. Prix : 5 fr. XVIII, 46. *A. Mansion.*

JOYCE (P. George Hayward). — Principles of Logic. — Londres, Longmans. xx-423 pp. XVI, 123. *L. Noël.*

JUNGMANN (Karl). — René Descartes. Eine Einführung in seine Werke. Un vol. in-8° de VIII-234 pp. — Leipzig, Eckardt, 1908. XVI, 147, *Kersten.*

KACHNIK (Dr J.). — Ethica socialis seu Sociologia. Un vol. de 287 pp. — Olomucii, Sumpt. R. Promberger, 1909; fr. 6,60. XVII, 145. *G. Wallerand.*

KACHNIK (Dr J.). — Ethica catholica generalis. Un vol. de 555 pp. — Olomucii, Sumpt. R. Promberger, 1910; fr. 13,75. XVIII, 452.

KACHNIK (Dr J.). — Historia philosophiae. Un vol. de 133 pp. Ed. alt. — Olomucii, Sumpt. R. Promberger, 1909; 3 fr. XVII, 145. *G. Wallerand.*

KALLAS. — System der Gedächtnisslehre. — Dorpas, Laakmann, 1897. V, 217. *A. Thiéry.*

KANNENGIESER (A.). — Les origines du vieux catholicisme et les Universités allemandes; 240 pp. Fr. 2,50. — Paris, Lethielleux. IX, 135. *A. P.*

KANT (Immanuel). — Logik. Neuherausgegeben von Dr Walter Kinkel. — Leipzig, 1904. XII, 505. *C. Sentroul.*

KAPPES (Professor Dr). — Abriss der Logik und Erkenntnisstheorie, 58 pp. In-12. — Abriss der Psychologie, 74 pp. In-12. — Münster, i. W. H. Mitsdörffer's Buchhandlung, 1899. VI, 452. *G. H.*

KARPPE (S.). — Etude sur les origines et la nature du Zohar, précédée d'une étude sur l'histoire de la Kabbale. Un vol. de x-604 pp. — Paris, Alcan, 1901. XI, 369. *A. Pelzer.*

KAUFFMANN (Max). — Immanente Philosophie. Erstes Buch : Analyse der Metaphysik. — Leipzig, Engelmann, 1893. III, 106. *J. H.*

KAUFMANN (Nic.). — Etude de la cause finale et son importance au temps présent, traduit de l'allemand par A.-F. Deiber. VI, 215. *C. P.*

KEIM (A.). — Helvétius, sa vie, son œuvre. Un vol. in-8°. - Paris, Alcan. XVII, 136. *Jean Neven.*

KEYSERLING (Graf Hermann). — Unsterblichkeit. Eine Kritik der Beziehungen zwischen Naturgeschehen und menschlicher Vorstellungswelt. Zweite auflage, 285 S. — München, J.-F. Lehmanns Verlag, 1911. XIX, 443. *F. Palhoriès.*

KEYSERLING (Graf Hermann). — Schopenhauer als Verbilder. — Leipzig, Fritz Eckardt Verlag, 1910. XIX, 579. *F. P.*

Kinkel (Dr Walter). — Immanuel Kant's Logik, neuherausgegeben. — Leipzig, 1904. XII, 505. *C. Sentroul.*

Kleinpeter (H.). — Erkenntnistheorie der Naturforschung der Gegenwart. Un vol. de XII-156 pp. — Leipzig, Barth, 1905. XV, 313. *R. Feys.*

Klimke (F.), S. J. — Der Mensch. Darstellung und Kritik des anthropologischen Problems in der Philosophie Wilhelm Wundts. V-274 S. — Graz und Wien, Verlagsbuchhandlung « Styria », 1908. Mk 2,90. XVI, 627. *P. M.*

Koch (Dr). — Pseudo-Dionysius Areopagita in seiner Beziehungen zum Neo-Platonismus und Mysterienwesen. — Mainz, Kirchheim, 1900, IX, 113. *M. De Wulf.*

Kornfeld (Heinr.). — Moses Mendelssohn und die Aufgabe der Philosophie. — Berlin, Duncker, 1896. 37 S. Mk 0,80. V, 95. *A. P.*

Kovalewsky. — Voir : *Belos.*

Kowalewski (Dr Arnold). — Ueber das Kausalitätsproblem. — Leipzig, Oswald Mutze, 1898. VII, 254. *J. H.*

Krebs (Dr). — Theologie und Wissenschaft nach der Lehre der Hochscholastik, an der Hand der Defensa doctrinae D. Thomae des Hervaeus Natalis. (Beitrage zur Geschichte der Philos. des Mittelalters. XI, 3-4, 1912). XV, 392. *M. De Wulf.*

Krewer. — Grundlagen einer organischen Weltanschauung, Bibl. f. Philos. 5. Band. 73 S. — Berlin, 1912. XV, 405. *J. Van Mollé.*

Krug. — De pulchritudine divina libri tres. — Friburgi-Brisgoviae, Herder, 1902. IX, 537. *D. M.*

Kuhn (E.). — Kants Prolegomena in sprachlicher Bearbeitung. 156 S. — Gotha, Thienemann, 1908. Mk. 2,50. XVI, 338. *L. N.*

Lagrésille (Henry). — Essai sur les fonctions métaphysiques. — Paris, 1898. VI, 85. *D. Nys.*

Lagrésille (Henry) — Le fonctionnisme universel. Essai de synthèse philosophique. Paris, Fischbacher, 1902. X, 316. *D. Nys.*

Lagrésille (Henry). — Le fonctionnisme universel (Essai de synthèse philosophique). Le monde psychique : les ordres des idées et des âmes. — Paris, Fischbacher, 1906. XV, 336. *L. Dechamps.*

Lahousse (P.), S. J. — Prælectiones metaphysicæ specialis. Vol. I Cosmologia. Lovanii, 1896. IV, 314. *D. Nys.*

Laisant (C.-A.). — L'éducation fondée sur la science. 2e édition. — Paris, Alcan, 1905. XIII, 348. *M. Plissart.*

Laminne (Jacques), chanoine. — Le traité « peri hermeneias », d'Aristote. Traduction et commentaire, 61 pp. — Bruxelles, Hayez, 1901. IX, 149. *X. P.*

Laminne (Jacques), chanoine. — La philosophie de l'inconnaissable. La théorie de l'évolution. Étude critique sur les « Premiers Principes » de H. Spencer. Bruxelles, Dewit, 1908. XV, 306. *M. Defourny.*

Lang (Dr Alb.). — Maine de Biran. Ein Beitrag zur Geschichte des Kausalproblems. — Köln A. R., Bachem. IX, 390. *G. S.*

Lang (Dr Alb.). — Aphoristische Betrachtungen über das Kausal-problem. Grundlinien einer Theorie der Kausalität, pp. 190. — Köln, Bachem, 1909. XVII, 575. *G. Simons.*

Lang (Andrew). — Mythes, cultes et religion, traduit, avec la collaboration de A. Dirr, et précédé d'une introduction par Léon Marillier. — Paris, Alcan 1896, XXVIII-680 pp. III, 437. *Ch. Martens.*

Lange (Helene). — Intellektuelle Grenzlinien zwischen Mann und Frau, Frauenwahlrecht. — Berlin, W. Moeser. V, 223. *A. Thiéry.*

Lanusse (abbé Eugène), professeur de philosophie. — Étude philosophique à propos de la Théodicée de Kant. Un vol. in-8° de 80 pp. — Le Puy, Imprimerie de l'avenir de la Haute-Loire. XIV, 274. *Charles Delmas.*

LANUSSE (E.). — Études et controverses philosophiques. — Paris, Roger et Chernoviz, 1909. XVIII, 272. *D. Nys.*

LARGENT. — St-Jérôme (Collection des vies de Saints). VIII, 315. *A. Michotte.*

LA SCALA (Fr. Pius), lector Ord. Min. Cap. — Cursus philosophicus ad usum seminariorum hodiernis accommodatus exigentiis ; 2 vol. in-8° cum figuris polychromis. Paris, Lethielleux. XIX, 330. *P. Gilbert Remans.*

LASPLASAS. — Varie Varia, primero. — La Sabiduria (Santa Tecla, tipografia catolica), 1901. X, 228. *E. Lanusse.*

LASPLASAS. — Varie Varia, segundo. — El compuesto humano (Santa Tecla, tipografia catolica, 1901). X, 230. *E. Lanusse.*

LASPLASAS. — Ensayo de una definicion de la Escolastica. — Barcelona, 1903. X, 237. *J. Ceulemans.*

LATOUR (Marius). — Premiers principes d'une théorie générale sur les émotions. Un vol. petit in-8°, 300 pp. Paris, Alcan. XX, 1912. XX, 240. *J. Lemaire.*

LAUDOWICZ (Félix). — Wesen und Ursprung der Lehre von der Präexistenz der Seele, und von der Seelenwanderung in der griechischen Philosophie. — Berlin, Selbstverlag der Verfassers. V, 226. *A. Thiéry.*

LAUVRIÈRE (E.). — Edgar Poë. Étude de psychologie pathologique. — Paris, Alcan, 1904. XII, 132. *G. Simons.*

LE BON (Gustave). — Psychologie du socialisme ; 3e édition refondue et entièrement remaniée. Paris, Félix Alcan. X, 323. *H. Clément.*

LECHALAS (Georges). — Étude sur l'espace et le temps. — Paris, Alcan, 1895. III, 109. *D. N.*

LECHALAS (Georges). — Études esthétiques. (Bibliothèque de Philosophie contemporaine). — Paris, Alcan, 1902. X, 226. *A. Walgrave.*

LECHALAS (Georges). — Étude sur l'espace et le temps. 2e édit. — Paris, Alcan, 1910. XVIII, 276. *D. Nys.*

LECHARTIER (G.). — David Hume, moraliste et sociologue. — Paris, Alcan. IX, 286. *J. Van Cauwenbergh.*

LECLÈRE (Albert). - De Facultate verum assequendi secundum Balmesium. Thesis Facultati Litterarum Parisiensi proposita. — Parisiis, Chevalier-Marescq et socii. IX, 407. *E. Leroux.*

LECLÈRE (Albert), docteur ès lettres, professeur agrégé à la Faculté des Lettres de l'Université de Berne. — La morale rationnelle dans ses relations avec la philosophie générale. Un vol. in-8° de 513 pp., fr. 7,50. — Paris, Alcan ; Lausanne, Payot et Cie, 1908. XV, 323. *Nicolas Balthasar.*

LEENHARDT (F.). — L'Évolution, doctrine de liberté. Un vol. de 155 pp. — Foyer solidariste, St-Blaise et Roubaix, 1910 ; 2 fr. XVII, 288. *C. Mathieu.*

LEGRAND (Georges). — La force morale. Paris, Lethielleux. XVIII, 429. *M. De Wulf.*

LEGRAND (Georges). — Le travail. 55 pp. — Namur, Godenne. XI, 233. *D. M.*

LEGRAND (Georges). — Pourquoi lit-on des romans ? — Namur, Godenne, 1906. XIII, 455. *M. De Wulf.*

LEGRAND (Georges). - Les Confessions de Saint Augustin, 71 pp. — Bruxelles, 1908. XV, 566. *M. De Wulf.*

LEGRAND (Georges). — L'Évolution des doctrines économiques au XIXe siècle. Brochure in-8° de 22 pp. — Bruxelles, Weissenbruch, 1909. XVII, 146. *L. N.*

LEGRAND (Georges), professeur d'Économie sociale. — Précis d'Économie sociale. — Louvain Uystpruyst ; Paris, Beauchesne, 1912, in-8°, 360 pp. 4 fr. (Bibliothèque de la Société d'Études morales et juridiques, vol 6). XIX, 439. *Val. Fallon.*

LEGRÉSILLE (H.). — Quel est le point de vue le plus complet du monde, etc. ? — Paris, 1897. IV, 312. *D. Nys.*

LEICHT (Dr). — Lazarus der Begründer der Völkerpsychologie. — Leipzig, Dürr'sche Buchhandlung. XII, 157.

LEMAIRE (J.), Prof. in Seminario minori Mechliniensi. — Cosmologia sive philosophia mineralium. — Mechliniae, 1913. XX, 394. *M. De Wulf*; XX, 397. *D. Nys*.

LEMAIRE (Paul). — Le Cartésianisme chez les Bénédictins. Dom Robert Desgabets. Son système, son influence et son école, d'après plusieurs manuscrits et des documents rares ou inédits. — Paris, Félix Alcan, éditeur 1902. X, 411. *Gaston Faelens*.

LEMKUHL (A.). — La Question sociale. Louvain, 1895 et 1896. IV, 89. *H. M.*

LEMÓS (P. Placido-Angel), Ord. fr. Miss. — La vida organica en si misma y en sus manifestaciones. 488 pp., 3 pesetas. — Libreria católica de Gregorio del Amo, 1902. XII, 393. *L.Van Halst*.

LÉON (A.), agrégé de philosophie, docteur ès lettres. — Les éléments cartésiens de la doctrine spinoziste sur les rapports de la pensée et de son objet. Un vol. in-8°, 294 pp. — Paris, Alcan, 1907. XVI, 633. *J. H.*

LÉPICIER (A. M.). — Tractatus de Deo uno. — Paris I. Tractatus de Sanctissima Trinitate. Paris, Lethielleux, 1902. X, 113. *G. Simons*.

LÉPICIER (A.-M.). — L'œuvre des six jours. XII, 136. *Abel Brohée*.

LEPIDI (R. P.). — Opuscules philosophiques. Traduits de l'italien par E. Vignon. Paris, Lethielleux, 1900. VIII, 85. *G. S.*

LÉVI (A.). — Essai psychologique sur le caractère Lamertin, Bruxelles, 1895. III, 336. *A. T.*

LÉVI (Sylvain). — Voir OLDENBERG ET FOUCHER.

LÉVY-BRUHL. — La philosophie d'Auguste Comte. Un vol. in-8° de 417 pp. — Paris, Félix Alcan, 1900. IX, 282. *Fernand Deschamps*.

LÉVY-BRUHL. — Les fonctions mentales dans les sociétés inférieures. — Paris, Alcan, 1910, 460 pp. XVIII, 118. *Defourny*.

LÉVY-BRUHL. — Voir aussi : BOUASSE.

LINDSAY (James). — The Psychology of Belief. Un vol. in-12 de XI-71 pp. — Edimburg and London, William Blackwood and Sons, 1910. XVIII, 451.

LIPPS (Theodor). — Komik und Humor, eine psychologisch-æsthetische Untersuchung. — Hamburg und Leipzig, Leopold Voss, 1898. VII, 351.

LIPPS (Theodor), Professor a. d. Universität, München. — Raumaesthetik und geometrisch-optische Täuschungen, (avec 183 fig. et un tableau hors texte). — Leipzig, J.-A. Barth, 1897. V, 207. *A. Thiéry*.

LIPPS (Theodor). — Vom Fühlen, Wollen und Denken, und Einheiten und Relationen. — Leipzig, Barth, 1902. XI, 221 *J. Homans*.

LODS (Ad.). — Voir : ALLIER.

LORENZELLI (Benedictus), antistes urbanus, philosophiæ et theologiæ, utriusque juris doctor. — Philosophiæ Theoreticæ Institutiones secundum doctrinam Aristotelis et S. Thomæ Aquinatis quas in Pontificio collegio de Propaganda Fide tradebat. — Paris, Lethielleux, 1896. III, 222. *Cl. V.*

LOSACCO (Michele). — Razionalismo e misticismo, saggi e profili. Milano, Libreria Editrice Milanese, 1911. Prezzo : L. 3,50. XX, 113. *B. Nardi*.

LOTTIN (J.). — Quetelet, statisticien et sociologue. — Louvain et Paris, 1912. XIX, 148. *M. De Wulf*.

LOUIS. — Doctrines religieuses des philosophes Grecs. — Paris, Lethielleux, 1909, VII-374 pp. Bibliothèque d'Histoire des Religions. Prix : 4 fr. XVII, 275. *A. Mansion*.

LUTZ. — Die Psychologie Bonaventuras nach den Quellen dargestellt. Beiträge zur Geschichte, der Philosophie des Mittelalters, VI, 4 et 5. — Munster, 1909. XVII, 408. *M. De Wulf*.

LE DANTEC (Félix). — Le conflit, entretiens philosophiques. — Paris, Armand Colin IX, 535. *D. M.*

MABILLEAU (L.). — Histoire de la philosophie atomistique. — Paris, F. Alcan. IV, 312. *D. Nys*

MACKENZIE (Dr William). — Alle fonti della vita. In-8°, 359 pp. — Genova, Formiggini, 1912. XX, 107. *F. Palhoriès.*

MACRY-CORREALE (Francesco). — Saggio filosofico sull'errore; Letture sul positivismo; La religione e la conscienza; Introduzione allo studio della filosofia integrale. (Parte prima : la filosofia è una scienza? Dispensa prima). — Foggia, tipografia D. Pascarelli, 1903-1904. XII, 150. *F. Martin.*

MAHER, S. J. — Psychology, fourth édition re-written and enlarged. — London, Longmann Green, 1900. VIII. 217. *D. M.*

MAIER (Dr Heinrich). — Die Syllogistik des Aristoteles. Zweiter Theil. Die logische Theorie des Syllogismus und die Entstehung der aristotelischen Logik. Erste Hälfte; Formenlehre und Technik der Syllogismus. — Tübingen, 1900. VII, 357. *J. H.*

MAIER (Dr Heinrich). — Die Syllogistik des Aristoteles. Zweiter Theil : Die logische Theorie des Syllogismus und die Entstehung der aristotelischen Logik. Zweite Hälfte : Die Entstehung der Aristotelischen Logik. — Tübingen, 1900. IX, 418. *J. Huys.*

MALAPERT. — Voir : BELOS.

MANDATO (Pio de), S. J. — Institutiones philosophicae ad normam doctrinæ Aristotelis et Sti Thomæ Aquinatis, studiosæ juventuti breviter propositæ Volumen unicum — Romæ, Typogr. polyglotta S. C. de Prop. Fide, 1894. II, 224. *A. V.*

MANO. — Le pessimisme contemporain (collection « Science et Religion »). — Paris, Bloud, 1901. IX, 293. *Ar. B.*

MANSION (A.). — Introduction à la physique d'Aristote. — Louvain, Institut de Philosophie, 1913. XX, 396. *G. Colle.*

MARÉCHAL (Christian), agrégé de l'Université. F. De la Mennais. Essai d'un système de philosophie catholique (1830-1831). Etudes de philosophie et de critique religieuse. Ouvrage inédit, recueilli et publié d'après les manuscrits avec une introduction, des notes et un appendice. Un volume. — Paris, Bloud, 1906. XIV, 119. *Georges Legrand.*

MARILLIER (Léon). — Voir : LONG (ANDREW).

MARIUSPOLSKY (Dr L.). — Zur Geschichte des Entwicklungsbegriffs. — Bern, Steiger, 1897. VI, 79. *D. Nys.*

MASON (Dr E.) — Telepathy and the subliminal self. — New-York, H. Holt a. Co, 1897. V, 221. *A. Thiéry.*

MASSART (J.) et VANDERVELDE (Em.). — Parasitisme organique et parasitisme social. — Paris, Schleicher, 1898. VI, 442. *Ed. Crahay.*

MARTIN (Jules). — L'apologétique traditionnelle. Tome I : Les cinq premiers siècles. Tome II : Du septième siècle au dix-septième siècle. Deux volumes in-12. Paris, Lethielleux. XIII, 225 *Léon Noël.*

MARTIN (Jules). — Philon (collection « Les grands Philosophes »). In-8°, 303 pp. — Paris, F. Alcan, 1907. Prix : 5 fr. XV, 564. *P. Ladeuze.*

MARTINI (Dott. Angelo). — I fatti psichici riviviscenti (Studio psicologico), in-8°, 227 pp. — Catania, Francesco Battiato, Editore, 1910. XIX, 329. *Emile Chiocchetti.*

MARTY (Prof. Dr). — Was ist Philosophie? Prag, Jos. Roch, 1897; 35. VI, 93. *A. P.*

MASNOVO (Dott. Amato). — Una questione di ontologia nella scuola di Lovanio. Extrait de la Rivista di filosofia neo-scolastica, anno 1°, n° 2, aprile

1909, n° 4, nov. 1909. — Firenze, Libr. éditrice fiorentina, 1909. XVIII, 448. *N. Balthasar.*

MATTIUSSI. — Fisica razionale. — Milano, 1901. XI, 103. *L. P.*

MAUERHOF (Emil). — Das Wesen des Tragischen in alter und neuer Zeit. — Zurich und Leipzig, Karl Henckell und C°. VII, 352.

MAUMUS (B. P.). — Voir : BELOS.

MAURA (D. Joanne) et GELABERT. — De Vita sensitiva et de anima brutorum. — Oriolae, 1895. X, 321. *D. Nys.*

MAUSBACH (Joseph). Doktor der Theologie und professor an der Westfälischen Wilhelms-Universität in Münster. — Die Ethik des hl Augustinus. Zwei Bände, gr. in-8°, xx-844. S. — Freiburg, 1909. Herdersche Verlagshandlung. M. 15. XVIII, 138. *M. De Wulf.*

MAUSBACH (Joseph), prof. Univers. Münster. — Grundlage und Ausbildung des Charakters nach dem hl. Thomas von Aquin. — Freiburg, 1911, Herdersche Verlagshandlung. XVIII, 605. *F. Palhoriès.*

MEDICUS (Fritz). — Kant's Philosophie der Geschichte. — Berlin, Verlag von Reuther u. Reichard, 1902. X, 144. *G. Faelens.*

MEDICUS (Fritz). — Die beiden Principien der sittlichen Beurteilung. — Halle a. S., Max Niemeyer, 1902 : 24 pp. XI, 218. *V. C.*

MEDICUS (Fritz). — J.-G. Fichte : dreizehn Vorlesungen. Un vol. in-8° de VIII-269 pp. — Berlin, Reuther und Reichard, 1905. XV, 152. *C. Sentroul.*

MENTRÉ (F.), professeur à l'Ecole des Roches. — Cournot et la Renaissance du Probabilisme au XIX° siècle. Un vol. in-8° de la « Bibliothèque de philosophie expérimentale », 657 pp. — Paris, Rivière. Prix : 12 fr. XVI, 156. *F. Nicolas.*

MERCIER (Mgr). — Cours de philosophie. Volume I : Logique et notions d'ontologie, in-8° de VII-636 pp. — Louvain, Uystpruyst ; Paris, Alcan, 1894. II, 221. *J. Forget.*

MÉRIC (Mgr E.). — Voir ROLFI et DOBANGEON (H.).

MERTEN (O.), prof. à l'Université de Liége. — Les limites de la philosophie. — Namur, Wesmael-Charlier, 1896. IV, 95. *A. W.*

MERTEN (O.). — L'esprit critique en philosophie. — Discours prononcé à l'occasion de l'ouverture des cours à l'Université de Liége. — Liége, H. Poncelet, 1904. XII, 282. *J. Janssens.*

MEYER. — Institutiones juris naturalis, editio altera. — Freibourg, i. Br., Herder. XIV, 254. *G. Simons.*

MEYER (A.). — Etude critique sur les relations d'Erasme et de Luther. Préface de Ch. Andler. Un vol. in-8° avec portrait de l'auteur, xv-174 pp. — Paris, F. Alcan. Prix : 4 fr. XVIII, 156. *Elno.*

MEYER (Edouard). — Histoire de l'antiquité, tome I, traduit par Maxime David. Un vol. in-8° de 284 pp. — Paris, Geuthner, 1912. XX, 554. *G. Legrand.*

MEYER (Martin). — Aphorismen zur Moralphilosophie ; 297 S. — Berlin und Leipzig, Seemann. XVI, 164. *Kersten.*

MEYER (Th.), S. J. — Institutiones Juris naturalis seu Philosophiæ moralis universæ secundum principia S. Thomae Aquinatis ad usum scholarum. Paris II. Jus naturæ speciale. Fribourg-en-B., Herder, 1900, XXVIII-854 pp. VIII, 92. *Dr S. Reinstadler.*

MICHELET. — Dieu et l'agnosticisme contemporain. Paris, Gabalda, 1909. XVI, 311. *Nicolas Balthasar.*

MICHELITZ (Dr Anton). — Atomismus, Hylemorphismus und Naturwissenschaft. — Graz, 1897. IV, 311. *D. Nys.*

MICHOTTE (P.). — Etudes sur les théories économiques qui dominèrent en Belgique de 1830 à 1886. Un vol. in-8° de XXII-472 pp. — Louvain, 1904. XIII, 88. *C. Sentroul.*

MIELLE (Paulus). — De substantiæ corporalis vi et ratione, etc. — Lingonis, Rallet-Bideaud 1894. I, 419. *D. N.*

MIELLE (M.-P.). — La matière première et l'étendue. Fribourg, 1898. VI, 89. *D. Nys.*

MIGNON (A.). — Les origines de la scolastique et Hugues de St-Victor. 2 vol. — Paris, Lethielleux, 1895, III, 107. *M. D. W.*

MIGNOT (Mgr). — Lettres sur les études ecclésiastiques. — Lecoffre, Gabalda, 1908, XVII-325 pp. Prix : 3 fr. 50. XVI, 120. *L. Noël.*

MIGY (M.-J.). — Voir : WEISS (R. P. A.-Marie) et COLLIN (L.).

MILLION (P.). — La clef de la philosophie scolastique. Etude sur la composition substantielle des corps. VI, 76. *D. Nys.*

MOELLER (Nicolaï). — Un chapitre de l'histoire de la philosophie en Allemagne. — De Leibniz à Hegel Un vol. de 400 pp. Bureaux de Durendal. — Bruxelles, 1910. XVIII, 280 *F. Palhoriès.*

MOISANT (Xavier). — Dieu, l'expérience en métaphysique. — Paris, Rivière. XVI, 310. *Nicolas Balthasar.*

MONCALM. — L'origine de la pensée et de la parole. Un vol. in-8° ; 5 fr. — Paris, Alcan, 1900. VIII, 218. *D. M.*

MONOD. — Voir : BOUASSE et ALLIER.

MOORE (Dr Edward). — Studies in Dante; second series. — Oxford, Clarendon Press, 1899. VII, 341. *Ch. Martens.*

MOORE (Dr Edward). — Principia Ethica. — Cambridge, in-8° de XXVII-252 pp. XV, 423. *C. Sentroul.*

MOORE (Vida F.). — The Ethical aspect of Lotze's Metaphysics. — New-York, Macmillan, 1901. IX, 138. *G. B.*

MOTORA, professor of psychology, Imperial University, Tokyo. — An Essay on Eastern Philosophy. — Leipzig, Voigtlander, 1905. XIII, 346. *Th. Gollier.*

MÜFFELMANN (Dr Leo). — Das Problem der Willensfreiheit in der neuesten deutschen Philosophie ; 115 pp. Mk. 3,60. — Leipzig, Barth, 1902. X, 329. *L. Noël.*

MÜNSTERBERG (Hugo). — Harward psychological studies. Vol. I. — New-York, Macmillan and C°. X, 322. *J. Ceulemans.*

MÜNSTERBERG (Hugo). — Philosophie der Werte. Un vol. VIII-486 S. — Leipzig, Barth, 1908, 10 Mk. XVI, 145. *Emmanuel Prüm.*

MURAT (Dr L.). — L'Idée de Dieu dans les sciences contemporaines. Le firmament, l'atome, le monde végétal. En collaboration avec le Dr P. MURAT. Préface de M. DE LAPPARENT. In-12 de LVII-464 pp. — Paris, Pierre Téqui, rue Bonaparte, 1909. Prix : 3 fr. 50. XVIII, 443. *N. Balthasar.*

MURAT (Dr L.). — Les merveilles du corps humain. Un vol. in-8° écu de CXXXVIII-752 pp. — Paris, Téqui 1912. XIX, 448. *Dr J. Van Mollé.*

MURRI (R.). — Battaglie d'oggi. Cultura del Clero. — Roma, Società editrice Romana, 1901. IX, 204. *J. M.*

NED (Edouard). — L'énergie Belge. — Bruxelles. A. Dewit, 1906. XIII, 98. *Edgar Janssens.*

NIEGRO (Constante Amor y). — Del derecho de castigar ; su naturaleza, su origen, su fundamento, y opiniones acerca de estos puntos. — Santiago, 1901. IX, 147. *J. M.*

NICOLA, Canonico Primicerio Camera. — Saggio di filosofia comparata intorno ai sistemi in protologia. — Salerno, tipi Fratelli Jovane, 1908. XV, 329. *C. S.*

NIETEN (Dr). — Lessings religionsphilosophische Ansichten bis zum Jahre 1770 in ihrem historischen Zusammenhang und in ihren historischen Beziehungen. Nebst Anhang : Grundzüge von Lessings Religionsphilosophie. — Dresden, Naumann, 1896, 95 S., 1,50 M. V, 97. *A. P.*

NIETSCHER (Dr H.). — Causal Nexus

zwischen Leib und Seele und die daraus resultierende Psychophysische Phänomene. — Verlag von Ruhfus, Dortmund. VII, 457. *C. L.*

NOEL (Léon), docteur en philosophie. — La Conscience du libre arbitre. — Louvain, Inst. supér. de philosophie, rue des Flamands. Paris, P. Lethielleux, éditeur, rue Cassette, 10 ; 1899. VI, 321. *L. B.*

NORDAU (Max). — Dégénérescence. Traduit de l'allemand par Aug. Dietrich. Paris, Alcan, 1894. 2 vol. I, 186. *D. M.*

NOURRISON, membre de l'Institut. — Voltaire et Voltairianisme. — Paris, Lethielleux. III, 440. *M. De Wulf.*

NUÑEZ (P. Zacarias Martinez). — Estudios biológicos ; 2e série : La Herencia. Hipótesis acerca del sueno. Optimismo cientifico ; 3e série : La Finalidad en la ciencia. — Madrid, Saenz du Jubera Hermanos, 1907. XIV, 591. *Dr Juan Zaragüeta.*

NYS (D). — La Notion du temps d'après les principes de Saint Thomas d'Aquin. Institut supérieur de Philosophie. — Louvain, 1898. V, 463. *M. De Wulf.*

NYS (D.). — La notion d'espace au point de vue cosmologique, 290 pp. — Louvain, 1901. VII, 458. *M. De Wulf.*

NYS (D.). — La notion du temps. 2me édition remaniée et augmentée. Un vol. in-8° de 308 pp. — Louvain, Institut de Philosophie, 1913. XX, 349. *J. Lemaire.*

OBERMANN (Dr J.). — Grundlinien einer psychologischen Aesthetik. — Wien, Selbstverlage des Verfassers. VII, 350.

OLDENBERG. — La religion du Véda, traduit de l'allemand par V. Henry, avec une préface du traducteur. Un vol. in-8° de XXI-520 pp. — Paris, Alcan, 1903. X, 221. *T. Golliez.*

OLDENBERG. — Le Bouddha, sa vie, sa doctrine, sa communauté. Traduit de l'allemand par Foucher, avec une préface de Sylvain Lévi. Deuxième Édition française. — Paris, Alcan, 1903. X, 222. *T. Golliez.*

ORTOLAN (R. P. Th.). — Savants et chrétiens, ou Étude sur l'origine et la filiation des sciences. in-8° de 484 pp. — Paris, chez Delhomme et Briguet, 1898. V, 98. *J. F.*

OSSIP-LOURIÉ. — Croyance religieuse et croyance intellectuelle. — Paris, Alcan, 1908 (Bibliothèque de philosophie contemporaine). Un vol. in-16, 175 pp. 2,50 fr. XV, 433. *Natalis.*

OTTEN (Dr Alois). — Einleitung in die Geschichte der Philosophie. — Die Gottesidée, die leitende Idee in der Entwicklung der griechischen Philosophie (Paderborn, 1895. II, 217. *M. D. W.*

PACHEU (J.). — Du positivisme au mysticisme. Étude sur l'inquiétude religieuse contemporaine. — Paris, Bloud et Cie. XIV, 128. *G. Simons.*

PAINLEVÉ — Voir : BOUASSE.

PALACIOS (Miguel Asin). — La Psicologia segùn Mohidin Abenarabi In-8° de 116 pp. — Paris, Leroux, 1906. XIV, 604. *J. Forget.*

PALACIOS (Miguel Asin). — Sens du mot « Tehâfot » dans les œuvres d'El-Ghazâli et d'Averroès. Traduit par J. Robert. In-8° de 20 pp. — Alger, Jourdan, 1906. XIV, 604. *J. Forget.*

PALANTE (G.). — Combat pour l'individu. Paris, Alcan, 1904. XI, 382. *M. D. F.*

PALHORIÈS (F.), docteur ès lettres. — La théorie idéologique de Galluppi dans ses rapports avec la philosophie de Kant. Un vol. in-8° de la « Collection historique des grands Philosophes ». — Paris, Alcan, 1909, 4 fr. XVI, 328. *G. Ryckmans.*

PALHORIÈS (F.), docteur ès lettres. — Rosmini. Un vol. in-8° de la collection Les grands Philosophes : 7,50 fr. — Paris, Alcan, éditeur. XVI, 478. *N. Balthasar.*

PARISOT (Edmond). — Herbert Spencer. Un vol. in-12 de 215 pp. (Collection

« Les grands philosophes français et étrangers »). — Paris, Louis Michaud, 1912. XIX, 448

PASMANIK (Mme D.). — Alfred Fouillée's Psychischer Monismus (Berner Studien, XVI). — Bern, Sturzenegger. IX, 149. *E. W.*

PAULHAN (Fr.). — Le mensonge de l'art. Un vol. de 580 pp. (Bibliothèque de philosophie contemporaine). — Paris, Alcan, 1907. XIV, 143. *M. DeWulf.*

PECSI (Dr G.). — Cursus brevis Philosophiæ. Vol. I : Logica, Metaphysica. Vol. II : Cosmologia, Psychologia. — Esztergom (Hungaria) 1906, 1907. XV, 144. *G. R. — R. F.*

PÈGUES (R. P. Thomas). — Commentaire français littéral de la somme théologique de Saint-Thomas d'Aquin, I. Traité de Dieu, 2 vol. — Toulouse, 1907. XVI, 155 *M. De Wulf.*

PÈGUES (R. P. Thomas), O. P., lecteur en théologie. — Commentaire français littéral de la Somme Théologique de Saint Thomas d'Aquin II. Traité de la Trinité. — Toulouse, Ed. Privas, 1908. XV, 567. *N. Balthasar.*

PEILLAUBE (E.). — Les images. Essai sur la mémoire et l'imagination. Un vol. in-8° de 514 pp. — Paris. Marcel Rivière, 1910. Prix : 9 fr. XVIII, 152. *Em. Blampain.*

PELETTIER (M.). — Les lois morbides de l'association des idées — Jules Paris, Rousses, 149 pp. XIV, 598. *A. P.*

PENJON (A.), professeur de philosophie à la Faculté des Lettres de Lille.— Précis d'histoire de la philosophie. Paris, Delaplane. V, 232. *M. D.W.*

PENJON (A.), professeur de philosophie à la Faculté des Lettres de l'Université de Lille. — Précis de philosophie. — Paris. VII, 253. *K. P.*

PEREGO (Luigi). — L'idéalismo ético di Fichte e il socialismo contemporaneo. Un vol. in-8° de XI-268 pp. — Modena, Formiggini, 1911. XIX, 143. *F. Palhoriès.*

PERQUY (Laurent), O. P. — La typographie à Bruxelles au début du XXe siècle. Un vol. de 584 pp. — Bruxelles, Schepens, 1904. XII, 281. *M. Defourny.*

PERRAUD (Cardinal). — Le P. Gratry, 4e édit., 365 pp. Prix : 3 fr. 50. Paris, Charles Douniol, 1901. VIII, 424. *Hyac. Vanderyst.*

PERRIER (J.-L.). — The revival of Scholastic Philosophy in the nineteenth Century. — New-York, Columbia University Press. VI-344 pp. Prix : 1 dollar 75. XVI, 283. *Léon Noël.*

PERRIOLLAT (Ch.). — Chrétien et philosophe. Un vol. in-12° de 513 pp. (Collection Etudes de philosophie et de critique religieuse). Paris, Bloud et Cie. XVIII, 285. *F. Palhoriès.*

PETITOT (H.). — Pascal. Sa vie religieuse et son apologie du christianisme. Paris, Beauchesne, 1911. XVIII, 437. *Ed. Janssens.*

PETRONIEVICS (Branislav). — Principien der Metaphysik. I Bd, 2 Abteilung : Die realen Kategorien und die letzten Principien. Mit 43 Figuren im Text. — Heidelberg, Carl Winter, 1912. Prix : 16 Mk. XX, 402. *P. Maur. Demuth.*

PFLEIDERER (Dr Edmund). — Zur Frage der Kausalität. — Tübingen. Wilh. Armbruster, 1897. VII, 254. *J. H.*

PIAT (Clodius), agrégé de philosophie, docteur ès-lettres, professeur à l'Institut catholique. — La Personne humaine. — Paris, Alcan, 1897. V, 354. *Clément Besse.*

PIAT (Clodius). — Destinée de l'homme.— Paris, Alcan, 1898. VI, 446. *Cl. Volio.*

PIAT (Clodius). — Les grands Philosophes. Collection dirigée par Clodius Piat. — I. Socrate, par Cl. Piat (Paris, Alcan. 1900). II. Avicenne, par le Baron de Vaux (Paris, Alcan, 1900). VIII, 96. *M. De Wulf.*

PIAT (Clodius). — Leibniz. La Monadologie. — Paris, Lecoffre, 1900. X, 319. *D. Nys.*

Piat (Clodius). — Aristote. Collection « Les grands Philosophes ». — Paris, 1903. XI, 101. *M. D. W.*

Piat (Clodius). — De la croyance en Dieu. Un vol. in-12, 281 pp. Paris, Alcan ; Prix : 3,50 fr. XIV, 588. *Jean Halleux.*

Piat (Clodius). — Platon. Collection « Les grands Philosophes », dirigée par M. Piat. — Paris, Félix Alcan, 1906, Prix : 7,50 fr. XV, 155. *Emmanuel Prüm.*

Piat (Clodius). — La morale du bonheur. Un vol. in-8° de VII-259 pp de la Bibliothèque de philosophie contemporaine. — Paris, Alcan ; 5 fr. XVII, 277. *Pierre Harmignie.*

Piat (Clodius). — La destinée de l'homme, 2e édition. Paris, Alcan, 1913. XIX, 134. *M. De Wulf.*

Picard. — Voir : Bouasse.

Piccola bibliotheca scientifica della Rivista di Filosofia Neo-Scolastica. — Firenze. XX, 119 *J. Van Mollé.*

Pictet (Raoul). — Étude critique du matérialisme et du spiritualisme par la physique expérimentale. — Paris, 1896. IV, 91. *G. F.*

Pikler (J.). — Zwei Vorträge über dynamische psychologie (26 pp.) : Ueber Theodor Lipps' Versuch einer Theorie des Willens (50 p.). Leipzig, Barth, 1908. XVI, 332. *E. B.*

Pitres et Régis. — Séméiologie des obsessions et des idées fixes. Bordeaux, G. Gounouilhou, 1897 V, 220. *A. Thiéry.*

Poincaré. — La science et l'hypothèse. — Paris, Flammarion, 1903. X, 312. *D. Nys.*

Pottier (A.). — De Jure et Justitia, 277 pp. — Liége, Ancion, 1900. XI, 223. *M. D.*

Prado (V. Del), O. P, professeur à l'Université de Fribourg en Suisse. — De Veritate fundamentali philosophiae christianae. — Fribourg, Imprimerie Saint-Paul, 1911. XIX, 577. *N. Balthasar.*

Prat (F.). — La théologie de Saint-Paul. Ire partie. Un vol. de II-604 pp. (Bibliothèque de théologie historique). Paris, Beauchesne, 1908, Prix : 6 fr. XV, 163. *L. N.*

Prat (L.). — Le caractère empirique et la personne. — Du rôle de la volonté en psychologie et morale. — Paris, Alcan, 1906. XIII, 215. *G. Simons.*

Prat (L.) et Ch. Renouvier. — La nouvelle monadologie. Un vol. in-8°, 546 pp. — Paris, Arm. Colin et Cie, éditeurs, 1898 VI, 212. *L. N.*

Prins (Adolphe). — L'organisation de la liberté et du devoir social. 1 vol. in-8°. — Bruxelles et Paris, Alcan, 1895. III, 103. *G. L.*

Prosper (Dr P.-X.), ancien professeur de théologie. — L'exposition littérale et doctrinale de la Somme Théologique de Saint Thomas d'Aquin. — Lierre, Van In et Cie. I, 95. *D. M.*

Puccini (R.). — Il progresso morale e le sue leggi. Opera premiata al concorso Ravizza, l'anno 1899. X, 116. *C. Poppe.*

Puccini (R.). — La delinquenza e la correzione dei giovanni minorenni. — Firenze, Libreria éditrice fiorentina, 1908 ; XV-730 pp. Prix : 5,50 lire. XV, 431. *Carmelo Scalia.*

Puech (A.). — Voir : Allier.

Quilliet (H.-R.). — De Civilis potestatis origine theoria catholica. — Lille, Typis Le Bigot fratrum. I, 295. *D. N.*

Quoidbach (L.). — Un défi à l'incrédulité. Bruxelles, Schepens, 1901. IX, 149. *G. S.*

Radelet (C.). — Études philosophiques de théodicée. Un vol. in-8°, 310 pp. — Namur, Aug. Godenne, 1912. XX, 213. *J. Forget.*

Ragey (P.). — L'argument de Saint-Anselme. — Paris, Delhomme et Briguet, 1894. I, 296. *D. M.*

Rauh (F.). — De la Méthode dans la

psychologie des sentiments. — Paris, Alcan. VII, 259. *J. P.*

RAWITZ (Dr Med. Bernad). — Der Mensch. Bibl. f. Philos. Stein. Leonh. Simion. — Berlin, 1912. XX, 122. *J. Lemaire.*

REINER (Dr J.). — Malebranche's Ethik in ihrer Abhängigkeit seiner Erkenntnisstheorie u. Metaphysik. — Berlin, Mayer u. Müller, 1896. VI, 94. *A. P.*

REINERS (J.). — Der Aristotelische Realismus in der Frühscholastik. Ein Beitrag zur Geschichte der Universalienfrage im Mittelalter. — Aachen, 1907. XVI, 129. *M. De Wulf.*

REINSTADLER. — Elementa Philosophiae Scholasticae, 2 vol., 460-460 pp. — Friburgi Brisgoviae, Herder XIV, 254. *G. Simons.*

REMACLE (Georges). — La Philosophie de S. S. Laurie. Un vol. in-8° de XXXII-524 pp. — Bruxelles, Weissenbruch, 1909. XVIII, 283. *F. Palhoriès.*

RENOUVIER (Charles). — Les dilemmes de la métaphysique pure. — Paris, F. Alcan, 1901. IX, 515. *Edgar Janssens.*

RENOUVIER (Charles). — Les derniers entretiens. — Paris, A. Colin, 1904. XII, 147. *Edgar Janssens.*

RENOUVIER (Charles). — Critique de la doctrine de Kant. Publié par Louis Prat. — Paris, Alcan, 1906. In-8° de IV-440 pp. XVII, 135. *C. Sentroul.*

RENOUVIER (Charles) et PRAT (Louis). — La nouvelle Monadologie. Un vol. in-8°, 546 pp. — Paris, Arm. Colin et Cie, éditeurs, 1898. VI, 212. *L. N.*

RENSI (G.). — Il genio etico ed altri Saggi. Un vol. in-8° de 388 pp. — Giuseppe, Laterza e Figli. 1912. XIX, 142. *F. Palhoriès*

RIBERSANGES (G.-H.). - Epitome Philosophiae christianae. Vol. I. Introductio ad universam philosophiam. Logica. – Placentiae, Typis « Divus Thomas », 1899. IX, 593. *Fr. R.*

RIBOT (Th.). — La logique des sentiments. Un vol. in-8° de la Bibliothèque de philosophie contemporaine. — Paris, Alcan, 1905. XII, 273. *G. Simons.*

RIBOT (Th.). — Essai sur les passions. Un vol. in-8° de VII-192 pp. — Paris, Alcan, 1907. — Prix : fr. 3,75. XIV, 263. *L. Noël.*

RIBOT. — Voir aussi : BOUASSE.

RICHET (Charles) et SULLY-PRUDHOMME. — Le problème des causes finales. — Paris, Alcan, 1902. IX, 529. *D. Mercier.*

RIEHL (Alois). – Zur Einführung in die Philosophie der Gegenwart. — Leipzig, Teubner, 1903. X, 239. *J. Ceulemans.*

RIFAUX (Dr Marcel). — L'agonie du catholicisme. — Paris, Plon-Nourrit, 1905. XII, 383. *G. Simons.*

RIFAUX (Dr Marcel). — Les conditions du retour au Catholicisme. Enquête philosophique et religieuse. — Paris, Plon-Nourrit, 1907. XIV, 601. *Edgar Janssens.*

ROBERT (G.) - Les écoles et l'enseignement de la théologie pendant la première moitié du XIIe siècle. -- Paris, 1909. XVII, 399. *M. De Wulf.*

ROBERT (J.). — Miguel Asin Palacios. Sens du mot « Tehâfot » dans les œuvres d'El-Ghazâli et d'Averroès, traduit par – . In-8° de 20 pp. — Alger, Jourdan, 1906. XIV, 604. *J. Forget.*

ROBERTY (E. de). — Auguste Comte et Herbert Spencer Contribution à l'histoire des idées philosophiques du IXe siècle. — Paris, 1894. I, 418. *M. D. W.*

ROBERTY (de). — Voir aussi : BELOS.

ROBIN (Léon). — La théorie platonicienne de l'amour. — Paris, Alcan, 1908 ; 277 pp. Prix : 3 fr. 75. XVII, 264. *A Mansion.*

ROBIN (Léon). — La théorie platonicienne des Idées et des Nombres d'après Aristote. Étude historique et critique. Paris, Alcan, 1908. XVII-

452 et 381 pp. — Fribourg (Bade), Herder, 1901. IX, 121. *D. Mercier.*

ROBERTSON (George Croom). Elementa of general philosophy. — London, John Murray, 1896, 365 pp. VII, 355. *A. P.*

ROMANO (Pietro). — L'origine delle idee e delle conoscenze secondo A. Conti e l'educazione intellettuale. — Asti, Tip. G. Brignolo, 1897. V, 225. *A. Thiéry*

ROMANO (Pietro). — Le Aspirazioni del secolo che muore e la Pedagogia. — Asti, Tip. G. Brignolo, 1897. V, 225. *A. Thiéry.*

ROMANO (P. Pietro). — La filosofia di Augusto Conti e lo stato presente della scienza. — Genova, A. Papini, 1895. VI, 88. *D. Nys.*

ROSENBLÜTH (M. Simon). — Der Seelenbegriff im alten Testament. (Berner studien zur Philosophie und ihre Geschichte, Band X, herausgegeben von M. Ludwig Stein). — Bern, Steiger et Cie, 1898, 62 pp. VIII, 99. *E. V. R.*

ROUAIX (P.). — Dictionnaire-Manuel illustré des Idées suggérées par les Mots. V, 356. *M. D. W.*

ROURE (P. Lucien), S. J — Doctrines et problèmes. — Paris, Victor Retaux, 1900. IX, 132. *Dr S. Reinstadler.*

ROYER (Clémence). — La constitution du monde. Dynamique des atomes. — Paris, Schleicher, frères, 1900. VII, 448. *D. Nys.*

RUTTEN (Mgr). — Cours élémentaire d'apologétique chrétienne, in-12 de 518 pp. 10e édition. — Bruxelles, Schepens, 1898. VII, 349. *J. F.*

SABATIER (Auguste). — Esquisse d'une philosophie de la Religion d'après la psychologie et l'histoire ; 2e édition. Un vol. in-8°. — Paris, Fischbacher, 1897, XVI-415 pp. VII, 459. *E. V. R.*

SAINT-GEORGES (MIVART). — L'homme. Extrait d'un ouvrage anglais : *On Truth*, traduit de l'anglais par M. J. Segond. — Paris, Lethielleux, 1895. II, 225. *H. C.*

SAITSCHIK (R.). — Französische Skeptiker, Voltaire, Mérimée, Renan. Zur Psychologie des neueren Individualismus. — Berlin, Hoffmann. XVII, 137. *Jean Neven.*

SAÏTTA (G.) - La scolastica nel secolo XVI e la politica dei Gesuiti. — Torino, 1911. XIX, 435. *M. De Wulf.*

SAÏTTA (G.). - La Scolastica nel Secolo XVI e la politica dei Gesuite. — Torino, Bocca, 1911. XIX, 315. *Dr Delescaut.*

SALISBURY (Marquis de). — Les limites actuelles de notre science. Discours présidentiel prononcé le 8 août 1894, devant la British Association, dans sa session d'Oxford, traduit par M. W. De Fonvielle, avec l'autorisation de l'auteur. — Paris, Gauthier-Villars, 1895. IV, 92. *D. M.*

SALOTTI (C.). — Il pensiero e l'anima di Augusto Conti, 50 pp. — Rome, Desclée, 1905. XII, 401. *J. Ghio.*

SAROLEA (C.). — Cardinal Newman and his influence on religious life and thought. (Collection « The World's Epoch-Makers) ». — Edinburgh, Clark, 1908 ; 174 pp. XV, 428. *R. Feys.*

SATOLLI (Francisco Card.). — De Habitibus doctrina Sti Thomae Aquinatis in I-II qq. XLIX-LXX Summae Theologicae, lectionibus proposita, VII-253 pp. — Romae, ex typ. S. C. de prop. Fide. V, 228. *D. M.*

SATTEL (Georg). — Martin Deutinger als Ethiker, VIII-204 S. — Paderborn, Schöningh, 1908 ; Mk 5,60. XV, 575. *A. Baert.*

SAULZE (J.-B.). — Le monisme matérialiste en France. Un vol. in-8° de 182 pp. — Paris, Beauchesne, 1912. XIX, 574. *J. Lemaire.*

SCHARPE (A.). — Mysticism ; its true nature and value with a translation of the mystical theology of Dionysius and of the Letters to Caius and Dorotheus. Un vol. de 233 pp. — London,

Sands et Co, 1910. XVIII, 286. *M. De Wulf.*

SCHAUB (Franz). — Die Eigentumslehre nach Thomas von Aquin und dem modernen Sozialismus, in-8° de xxiv-446 pp. — Freiburg in Bresgau, Herder'sche Verlagshandlung, 1898. IX, 136. *C. S.*

SCHELLING (F. W. J. von). — Werke. Auswahl in drei Bänden, mit drei Porträts Schellings und einem Geleitwort von Professor Dr Arthur Drews, herausgegeben und eingeleitet von Otto Weiss, 3 vol. de CLXII-816, 682, 935 pp. Prix : 20 Mk. — Leipzig, Eckardt, 1907. XV, 333. *Kersten.*

SCHILLER (F. G. S.). — Etudes sur l'humanisme, traduit de l'anglais par le Dr Jankelevitsch. Un vol. in-8° de IX-621 pp. — Paris, Alcan, 1909. (Bibliothèque de philosophie contemporaine). 10 francs. XVI, 488. *L. Noël.*

SCHILTZ (Dr P.). — Summa Philosophiae ad mentem divi Thomae. — Luxembourg, Imprimerie Saint-Paul. 1er vol. Logique et critique. II, 119. *Cl. Volio.*

SCHMID (Andreas).— Geheimrat Dr Alois Ritter v. Schmid. Sein Leben und seine Schriften. Un vol. de VI-416 pp. — Regensburg, Verlagsanstalt vorm. G. I. — Manz, 1911. Prix 3 Mk. XX, 117. *Aug. Pelzer.*

SCHMITT (Dr Eugen Heinr.). — Kritik der Philosophie vom Standpunkte der intuitiven Erkenntnis. VIII-507 S. — Leipzig, Fritz Eckardt, 1908 ; Mk. 7. XV, 579. *G. Ryckmans.*

SCHMOLLER (Gustav), professeur à l'Université de Berlin. — Politique sociale et économie politique. « Questions fondamentales ». Traduction revue par l'auteur ; 450 pp. — Paris, V. Giard et E. Brière, 1902. X, 414. *Joseph Lottin.*

SCHNEIDER. — Die Psychologie Alberts des Grossen. Nach den Quellen dargestellt. I-II Theil. — Munster, 1903. XVI, 132. *M. De Wulf.*

SCHREIBER. — Register zum philosophisches Jahrbuch (1887-1907). XIX, 431. *M. De Wulf.*

SCHUCHTER (Joseph). — Die Empirische Psychologie vom Standpunkte seelischer Zielstrebigkeit aus bearbeitet. Verlag des fürstbischöflichen Seminarium Vincentinum. — Brixen, 1897. V, 212. *A. Thiéry.*

SCHUCHTER (Joseph). — Kurzgefaszte empirische Psychologie. — Wien, Alfred Hölder, 1902. XII, 148. *Jos. Homans.*

SCHÜTZ (Dr Ludwig). — Thomas Lexikon Sammlung, Uebersetzung und Erklärung der in sämtlichen Werken des h. Thomas von Aquin vorkommenden kunstausdrücke und Wissenschaftliche Aussprüche, in-8° de x-889 pp. — Paderborn, Schöningh, 1895, II, 336. *Ch. S.*

SCHÜTZ (Dr Ludwig). — Der Hypnotismus. — Fulda, Actiendruckerei, 1897. V, 220. *A. Thiéry.*

SCHWALM (R. P.). — Le dogmatisme du cœur et celui de l'esprit. Paris, Bureaux de la Revue thomiste, 1899. VI, 209. *D. Mercier.*

SCHWARTZ (Herman), Privat-dozent an der Universität Halle. — Das sittliche Leben. Mit einem Anhang : Nietzsche's Zarathustra-Lehre. — Berlin, Reuther und Reichard, 1901 ; in-8° de 417 pp. IX, 523. *C. Sentroul.*

SCHWEIGER (Dr Lazarus). — Philosophie der Geschichte, Völkerpsychologie, und Sociologie in ihrem gegenseitigen Beziehungen. — Bern. X, 331. *Gaston Faelens.*

SCHWEITZER (Dr R.). — Die Energie und Entropie der Naturkräfte mit Hinweis auf den in dem Entropiegesetze liegenden Schöpferbeweis. — Köln, Bachem, 1902. XI, 210. *C. B.*

SCIASCIA (Pietro). — La Volontà in rapporto alla Morale e alla Psicologia contemporanea (Palermo, Biondo, 1898, 40 pp.) La Dottrina della Volontà nella Psicologia inglese dall'Hobbes fino ai tempi nostri (Palermo, Spin' nato, 1898; XI-164 pp. La Psicogenesi dello Istinto e della Morale secondo G. Darwin (Palermo, Defer, XV-178 pp. 4 fr.). VII, 313. *L. N.*

SCOTT (W. R.). — Francis Hutcheson; his life, teaching and position in the history of Philosophy — Cambridge, University press, 1900. IX, 288. *J. C.*

SÉAILLES (Gabriel). — La philosophie de Charles Renouvier, Introduction à l'étude du néo-criticisme. Paris, Alcan. 1905 XIV, 278. *Edgar Janssens.*

SEEWIS (F. Salis). — La vera dottrina di S. Agostino, di S. Thoma e del P. Suarez contro la generazione spontanea primitiva. — Roma, Tip. Befani 1887. VII, 452. *D. Nys.*

SEGOND (J.). — La Prière. Essai de psychologie religieuse. Un vol. de 364 pp. — Paris, Alcan, 1911. Prix : 7,50 fr. XVIII, 281. *L. Noël.*

SEGOND (J.). — Cournot et la psychologie vitaliste. Un vol. in-16 de la « Bibliothèque de Philosophie contemporaine ». Paris, Alcan, Prix : 2,50 fr. XIX, 152. *J. Lottin.*

SEILLIÈRE (Ernest). — La philosophie de l'impérialisme. II Apollon ou Dionysos. — Paris, Plon-Nourrit et Cie. XVIII, 146. *Jean Neren.*

SEITZ (Dr Anton). — Willensfreiheit und moderner psychologischer Determinismus. — Köln, Bachem, 1902. XI, 211. *C. B.*

SELLIER (P.). — Le problème de la Mémoire, essai de psycho-mécanique. — Paris, F. Alcan, VIII, 91. *J. C.*

SENDERENS (J.-B.). — Apologie scientifique de la Foi chrétienne. Nouvelle édition de l'ouvrage de Mgr Duilhé de Saint-Projet, entièrement refondue. Paris, Poussielgue, 1903. XII, 142. *A. De Coene.*

SENDERENS (J.-B.). — Apologie scientifique de la foi chrétienne, d'après Mgr Duilhé de Saint-Projet. — Paris, Poussielgue ; XVI-440 pp. XV, 586. *L. Dechamps.*

SENTROUL (C.). — Kant und Aristoteles. Ins Deutschen übertragen von Ludwig Heinrichs. — Kempten u. München, Jos. Kösel, 1911. XIX, 133. *M. De Wulf.*

SENTROUL (C.). — Tratado de Logica conforme o programma official dos gymnasios do Brasil. — S. Paulo, Weiszflog, 1909. XVII, 424. *Rombaut Sellestags.*

SENTROUL (C.). — Kant und Aristoteles, ins Deutsche übertragen von Ludwig Heinrichs. Un vol. de XIV-368 pp. — Kempten, Kösel, 1911. XIX, 565. *M. De Wulf.*

SERRE (Jos.). — Ernest Hello : l'homme, le penseur, l'écrivain. Éditions du mois littéraire et pittoresque. XIV, 142. *Edgar Janssens.*

SERTILLANGES (A.-D.), O P. — Le patriotisme et la vie sociale. Un vol. in-12. Paris, Lecoffre. X, 106. *Cte Domet de Vorges.*

SERTILLANGES (A.-D.). O. P. — Les sources de la croyance en Dieu. — Paris, Librairie Perrin et Cie, 1905. XII, 399. *C. Bruynseels.*

SERTILLANGES (A.-D.), O. P. — Thomas d'Aquin. Collection « Les grands Philosophes ». — Paris, 1910, 2 vol. XX, 102. *M. De Wulf.*

SÉVÉRAC (F.-B.), Vladimir Soloviev. — Introduction et choix de textes. Un vol. in-12 de 218 pp. — Paris, Louis Michaud ; 2 fr. XVIII, 143. *C. Michalski.*

SHARP (Frank Chapman), Ph. D., professeur de philosophie à l'Université de Wisconsin. — Study of the Influence of custom on the moral Judgment. (Bulletin of the University of Wisconsin), 44 pp., 30 cents. XVI, 160. *Pierre Harmignie.*

SHEARMAN (A.-J.) — The Development of symbolic Logic. A Critical-historical study of the logical calculus.

London, Williams and Norgate, 1906. XV, 321. *R. Feys.*

SIDNEY Norton Deane, B. A. — St-Anselm. — London, P. Kegan, 1903. XI, 231. *D. M.*

SIMÉON (Jules). — La prescience divine et la liberté humaine. Réponse aux objections. Un vol. in-12 de IV-200 pp. — Paris, Ve Ch. Poussielgue, Rue Cassette, 1909. XVIII, 279. *N. Balthasar.*

SIMÉONS (G.). — L. Habrich. Leven en Ziel. Twee voordrachten vertaald uit het Duitsch. - Brugge, Van de Vyvere, 1907. Prijs : 0,65 fr. XV, 149. *Kersten.*

SIMÉONS (G.). — Pedagogische Zielkunde, uit het Duitsch van L. Habrich. IIe deel : Her Streefvermogen. In 8o XIV-545 bl. — Brugge. Van de Vyverre-Petyt, 6 fr. XIV, 261. *L. Kersten.*

SIMON (Dr Theodor). — Die Psychologie des Apostels Paulus. — Goettingen, Vandenhoeck u. Ruprecht, 1897. V, 226. *A. Thiéry.*

SODERINI (Conte Eduardo). — Socialismo e cattolicismo. L. 6. Roma, Desclée, Lefebvre e C., 1896. XIII-699-CXVII. IV, 217. *A. P.*

SOLANA Y GONZALEZ CAMINO (Marcial). — La verdad Arascendental segûn la Filosofia Escolastica. — Santander, 1907, 139 pp. XV, 160. *J. Z.*

SOLLIER (P.). — L'association en psychologie. Un vol. in-12. - Paris, Alcan, 1907. Prix : 2 fr. 50 XIV, 440. *P. De Strycker.*

SOREL. — Voir : BELOS.

SORTAIS (G.), S. J. — De la beauté d'après Platon, Aristote et Saint Augustin. — Paris, Retaux. VII, 351.

SORTAIS (G.), S. J. — Traité de philosophie. Paris, Lethielleux. IX, 538. *L. D.*

SOUBEN (Jules), professeur à Farnborough (Angleterre). — Les manifestations du beau dans la nature. — Paris, Lethielleux, 1900. X, 121. *A. B.*

SOUBEN (Jules). — Nouvelle théologie dogmatique, 9 volumes. — Paris, Beauchesne, 1903-1904. XIII, 224. *Léon Noël.*

SPAVENTA (Bertrando). — La filosofia italiana nelle sue relazioni con la filosofia europea. Nuova edizione con note e appendice di documenti a cure di Giovanni Gentile, Un vol. in-8o, XXII-317 pp. — Bari, Gius. Laterza e Figli, 1909, fr. 3,50. XVII, 143. *C. S.*

SPENCER (Herbert). — Les premiers principes, traduit sur la 6e édition, par M. GUYMIOT. — Paris, Reinwald, 1902. IX, 537. *L. D.*

SPINOZA's Short Treatise on God, Man and Human Welfare. Traduit du hollandais par Lydia G. Robinson. — Chicago, The Open Court Pub. Co, 1909 ; in-12 de XI-178 pp. ; 6 S. XVIII, 139. *A. W. Centner.*

SPRANGER (Édouard). — Die Grundlagen der Geschichtswissenschaft. Eine erkenntnistheoretisch-psychologische Untersuchung. Un vol. de XI-146 pp. — Berlin Reuther und Reichard, 1905, Mk 3. XV, 151. *Kersten.*

STAEPS (Hermann). — Ueber Friedrich Rohmer's « Wissenschaft von Gott ». Erlangen, 1897. VI, 81. *D. Nys.*

STEIN (Ludwig). — Leibniz und Spinoza. Ein beitrag zur Entwicklungsgeschichte der Leibnizischen Philosophie. (Mit neunzehn Ineditis aus dem Nachlass von Leibniz). V, 94. *G. F.*

STEIN (Ludwig). — Wesen und aufgabe der Sociologie, eine Kritik der organischen Methode in der Sociologie. (Abdruck a. d. Archiv. f. system. Philosophie Berlin 1898. VI, 439. *Ed. Crahay.*

STEIN (Ludwig). — An der Wende des Jahrhunderts. Versuch einer Kulturphilosophie. Fribourg i. B. 1899. VIII, 215. *M. D.*

STEIN (Ludwig). — Der Sinn des Daseins. Streifzüge eines Optimisten durch die Philosophie der Gegenwart ; XII-437 pp. — Tubingue et Leipzig, J. Mohr, 1904. XI, 377. *A. Mansion.*

STEIN (Ludwig). — Die Anfänge der menschlichen kultur, 146 pp. — Leipzig, Teubner. XIII, 459. *M. Defourny.*

STEIN (Ludwig). — Le sens de l'existence. Excursions d'un optimiste à travers les systèmes philosophiques. Un vol. in-8° de XI-531 pp. — Paris, Giard et Brière, 1909; 12 fr. XVII, 278. *L. Cordonnier.*

STEINBÜCHEL (Theodor). — Der Zweckgedanke in der Philosophie des Thomas v. Aquino, nach der Quellen dargestellt (Beit. z. Geschichte der Philos. des Mittelalters Bd. XI, H. 1, 1912). XX, 104. *M. De Wulf.*

STOHR (Ad.) — Zur Hypothese der Sehstoffe Grundfarben. — Leipzig, Franz Deuticke 1898. V, 220. *A. Thiéry.*

STOHR (Ad.). — Algebra der Grammatik. — Leipzig, Fr. Deuticke. IX, 148. *J. H.*

STÖLZLE (Dr Remigius). — Karl Ernst von Baer und seine Weltanschauung. — Regensburg, 1897. VI, 83. *D. Nys.*

STÖLZLE (Dr Remigius). — A. von Kœlliker's Stellung zur Descendenzlehre. — Munster i. W. Aschendorff, 1901. IX. 130. *J. C.*

STOOSS (Carl). — Avant-Projet de code pénal suisse; Partie Générale (en allemand) avec traduction en regard par Alfred Gauthier. — Bâle et Genève, Von Georg et Cie, 1893. I, 292. *I. M.*

STÖRRING (Gustav). — Vorlesungen über Psychopatologie in ihrer Bedeutung für die normale Psychologie mit Einschluss der psychologischen Grundlagen der Erkenntnis-theorie. In-8°, VIII-468 pp. — Leipzig, Wilhelm Engelmann, 1900. IX, 127. *Dr G. Reinstadler.*

STRASZEWSKI (Dr Moritz v.). — Ideen zur Philosophie der Geschichte der Philosophie. Leipzig u. Wien, Wil. Braumüller, 1900. IX, 422. *G. Faelens.*

STUMPF (C.). — Leib und Seele. Der Entwicklungsgedanke in der gegenwärtigen Philosophie Zwei reden, 2e aufl. 1903. — Leibzig, J. A. Barth. XI, 219. *V. C.*

SULLY-PRUDHOMME et Charles RICHET. — Le problème des causes finales. — Paris, Alcan, 1902. IX, 529. *D. Mercier.*

SURBLED (Dr G.). — La vie de jeune homme. Paris, Maloine, 1900. VIII, 357. *L. S.*

SURBLED (Dr G.). — La vie affective. — Paris, Amat, 1900. VIII, 219. *A. D.*

SURBLED (Dr G.). — Le sous-moi. — Paris, Maloine, 1908, XV, 319. *Clém. Ransy.*

SURBLED (Dr G.). — La volonté. Un vol. in-8° de 196 pp. Seconde édition, revue et augmentée. Paris, Maloine. XVIII, 603. *F. Palhoriès.*

SURBLED (Dr G.). — Physiologie de l'esprit. Un vol. in-8° de 274 pp. — Paris, Maloine, 1912. XIX, 333.

SWARTE (Victor De). — Descartes, directeur spirituel. — Paris, Alcan, 1904. XI, 505. *Edgar Janssens.*

SWITALSKI (Prof. W.). — Die erkenntnis-theoretische Bedeutung des Citats. Ein Beitrag zur Theorie des Autoritätsbeweises. — Braunsberg, G. Riebensahm. XVI, 334. *J. Latinus.*

TAGGART (J. Mc), Ellis Mc Taggart. — Studies in the hegelian Dialectic. — Cambridge, 1896. IV, 215. *M. D. W.*

TAGGART (J. Mc.). — A commentary on Hegel's Logic. Un vol. de XV-311 pp. — Cambridge, University Press, 1910. XIX, 447. *V. Scheuer.*

TAINE (H.) — Sa vie et sa correspondance. — Paris, Hachette, 1902. X, 328 *Edgar Janssens.*

TAINE (H.). — Sa vie et sa correspondance. Tome III, 1870-1875. — Paris, Hachette, 1905. XIII, 218. *G. Simons.*

TAINE (H.). — Sa vie et sa correspondance. Tome IV, 1876-1895. — Paris, Hachette, 1907; 370 pp. XIV, 447. *G. Simons.*

TALAMO (S.). — Le origini del christianesimo e il pensiero stoico, 3a edizione. In-8°, XXIII-390 pp. — Roma, typogr.

dell' Unione cooperativa editrice. XI, 383. *D Mercier*.

TALAMO (S.). — Il concetto della schiavitù da Aristotele ai dottori scolastici. — Roma, tipografia dell' Unione cooperativa editrice, 1908; VIII-252 pp. Prix : 6 fr. XVI, 475. *A. Pelzer.*

TANNERY. — Voir : BOUASSE.

TAPARELLI. — Examen critique des gouvernements représentatifs dans la société moderne. Traduit de l'italien par Pichot. — Paris, Lethielleux. XV, 331. *M. F. D.*

TAYLOR (A.-E.). — Aristotle on his Predecessors, being the first Book of his Metaphysics, translated from the Text Edition of W. Christ with Introduction and Notes. — Chicago, The Open Court Publishing C°, 1907; 160 pp. XVII, 274. *A. Mansion.*

TAYLOR (Henry Osborn). — The mediaeval Mind. A history of the development of thought and emotion in the middle ages, 2 vol. — London, Macmillan, 1911, 613 + 589 pp. XIX, 419. *M. De Wulf.*

TER HAAR (F.), C. S. R. — De systemate morali Antiquorum Probabilistarum dissertatio historico-critica. — Galopiae, M. Alberts et fil. II, 121. *J. D. G.*

TESSEN-WESIERSKI (Franz von), a. o. Professor der Apologetik an der Königl. Universität. — Die Grundlagen des Wunderbegriffes nach Thomas von Aquin. Breslau, in-8°. — Paderborn, Schöning, 1899. VII, 261. *J. F.*

THAMIN, professeur au Lycée Condorcet. — Histoire de la Langue et de la Littérature française. Tome VIII. Dix-neuvième siècle. Période contemporaine (1850-1900). Chap. VIII : Philosophes, moralistes, écrivains et orateurs religieux Paris, Colin. IX, 125. *M. De Wulf.*

THAMIRY. — Les deux aspects de l'immanence et le problème religieux. — Paris, Bloud, 1908. XVI, 301. *Nicolas Balthasar.*

THOMAS. — Pierre Leroux : sa vie, son œuvre, sa doctrine. — Paris, Alcan, 1904. XI, 380. *M. D. F.*

THOMAS. — Voir aussi : BOUASSE.

THOMAS. — Morale et éducation ; In-18 de 172 pp. — Paris, Alcan, 1899. VII, 262. *J. F.*

THURY (M.). — Le déterminisme dans les sciences de la vie. J. L. Mercier. — Le déterminisme en médecine. — Lausanne, Bridel, 1904 ; 44 pp. XII, 152. *F. Van Cauwelaert.*

TIEDEMANN (Dietrich).—Beobachtungen über die Entwickelung der Seelenfähigkeiten bei Kindern. — Altenburg, O. Bonde, 1897. V, 224. *A. Thiéry.*

TISSERAND (Pierre), docteur ès lettres, agrégé de philosophie.— L'Anthropologie de Maine de Biran ou la science de l'homme intérieur suivie de la note de Maine de Biran de 1824 sur l'idée d'existence. Un vol. in-8°. — Paris, Alcan, 1909 ; IX-148 pp. ; 10 fr. XVI, 320. *Georges Legrand.*

TITCHENER (Edward). — A primer of psychology. — New-York, Macmillan C°, 1898. VIII, 87. *C. L.*

TÖNNIES (Dr Ferdinand). — Philosophische Terminologie in psychologisch-soziologischer Ansicht. — Leipzig, Th. Thomas, 1906 ; 105 pp. XIV, 600. *A. Pelzer.*

TREDICI. — Breve corso di storia della filosofia. — Firenze, Libreria editrice, 1909. XVII, 289. *A. N.*

TRIVERO (Camillo). — Il problema del bene. Ricerche su l'oggetto della morale. Un vol. de XVI-246 pp. — Torino, Carlo Clausen, Hans Rinck succ., 1907. XIV, 596. *Nicolas Balthasar.*

TROELTSCH (Dr Ernst). — Das Historische in Kants Religions-philosophie. in-8° de VII-134 pp. Berlin, Reuther und Reichard, 1904. XIV, 443. *C. Sentroul.*

TRUMAN (Nathan E.). — Maine de Biran's philosophy of will. — New-York,

Macmillan C°, 1904. XII, 270. *L. Van Hulst.*

TUCCIMEI (Giuseppe). — La teoria dell' evoluzione e il problema dell' origine umana. — Roma, Tip. della pace. 1897. VII, 451. *D. Nys.*

TUCCIMEI (Giuseppe). — La decadenza di una teoria. — Roma, Pustet, 1908, XV, 582. *Bonamartini.*

TUMMERS (F.), S. J. — De « Nieuwere » Richting in de Strafrechtswetenschap. Un vol. in-8° de 475 pp. — Nymegen, L. C. G. Malmberg, 1911. XIX, 325. *Joseph Petit.*

TURMEL. — Histoire de la théologie positive, 2 volumes. — Paris, Beauchesne, 1904 et 1906. XIV, 267. *F. Martin.*

TYRRELL (Georges), S. J. — La religion extérieure, son rôle et ses abus, traduit de l'anglais par Augustin Léger. Paris, Lecoffre, 1902. IX, 536. *D. M.*

UEBERWEG (Fr.). — Grundriss der Geschichte der Philosophie, 3er Theil. Die Neuzeit. 2er Bd. Nach kantische Systeme und Philosophie der Gegenwart. — 8te Aufl.-hrgg. von Dr Max Heinze. — Berlin, 1897. V, 162. *M D. W.*

UEBERWEG (Fr.). — Grundriss der Philosophie fortgeführt von Max Heinze. Erster Theil : Das Altertum. Zehnte Auflage herausgegeben von Dr Karl Praechter. — Berlin. Mittler u. Sohn, 1909, XII-362-178 pp. Pr. 9 Mk. XVII, 261. *A. Mansion.*

UEBERWEG (Fr.). — Grundriss der Geschichte der Philosophie fortgeführt von Max Heinze. Vierter Theil : Das neunzehnte Jahrhundert. 9 Aufl. (mit Philosophen-u. Litteratoren Register). — Berlin, Mittler-u. Sohn, 1902 ; 625 S. IX, 411. *A. Pelzer.*

UPHUES (Goswin). — Grundzüge der Erkenntnisstheorie. Osterwieck (Harz), Verlag von Zickfeldt, 1901 ; 1,50 M. IX, 530. *J. Ceulemans.*

UPHUES (Goswin). — Kant und seine Vorgänger. Un vol. in-8° de 336 pp. — Berlin, 1906. XIV, 140. *C. Sentroul.*

URBAIN (Carolus). — De Concursu Divino Scolastici quid senserint. Philosophicam disputationem Facultati Litterarum Parisiensi proponebat. — Parisiis, apud E. Thorin et Filium. I, 189. *P. D.*

USTOA (Joaquin Ant.). — In qual modo si deve studiare ? Saggio teorico-pratico intorno all' arte dello studio. Versione dall' originale spagnolo per cura di Antonio Bolis 290 pp. — Pavia, Artigianelli. 1908, 1 Lire. XVI, 338.

VACANDARD (E.) — Vie de Saint Bernard, abbé de Clairvaux, 2 vol, Paris, Lecoffre, 1895. III, 216. *M. D. W.*

VAIHINGER (Hans). — Nietzsche als Philosoph, 2te Aufl. — Berlin, 1902. IX, 526. *D. Mercier.*

VAILATI (Giovanni). — Sull' importanza delle ricerche relative alla storia delle scienze. — Torino, Roux, Frassati. VI, 87. *D. Nys.*

VAILATI (Giovanni). — Sull' importanza delle ricerche relative alla storia delle scienze. — Torino. VII, 453. *D. Nys.*

VAILATI (Giovanni). — Del concetto di centro di gravità nella statica di Archimède. — Torino 1897. VII, 453. *D. Nys.*

VALBUENA (F.). — Cubrió el Diluvio Avda la tierra ? Cartas al P. Arintero. Toledo, 1897. VI, 86. *D. Nys.*

VALLET (P.). Évolution, progrès et liberté. (Collection « Science et Religion »). — Paris, Bloud, 1900. IX, 293. *A. B.*

VALLET (P.). — Les fondements de la connaissance et de la croyance. — Paris, Lethielleux, 1905. XIII, 461. *D. V.*

VALTON. — Droit social. — Paris, Lethielleux. 1906. XV, 331. *M. F. D.*

VALVEKENS (E.), docteur en philosophie et lettres, professeur au Séminaire archiépiscopal de Hoogstraeten. — Foi et Raison. Cours d'apologétique.

Un vol. in-8° de 452 pp. — Bruxelles et Roulers, chez Jules De Meester, 1901. IX, 284. *J. Forget.*

Van Biéma (E.). — L'espace et le temps chez Leibniz et chez Kant. Un vol. in-8°, v-336 pp. Alcan, 1908. Prix : 6 fr. XV, 420. *D. Nys.*

Van Biéma (E.). — Martin Knutzen. La critique de l'harmonie préétablie. Paris, Alcan, 1908. XVIII, 278. *D. Nys.*

Van Biervliet (V.). — Études de psychologie. Siffer et Alcan, 1901. VIII, 431. *J. C.*

Vander Meersch (Dr J.). - Tractatus de Divina, Gratia xv-406 pp. — Bruges, Carl. Beyaert, 1900. XIX, 328. *L. Du Roussaux.*

Vandervelde (Émile). — Essais socialistes. — Paris, Alcan, 1906. XVI, 308. *Nicolas Balthasar.*

Vandervelde (Émile). — Parasitisme organique et parasitisme social, par J. Massart et Em. Vandervelde. Paris, Schleicher 1898. VI, 412. *Ed. Crahay.*

Van de Waele et Hermant. — Les principales théories de la logique contemporaine. Paris, Alcan, 1909. XVI, 126. *L. Noël.*

Van Gestel (A.), S. J. — De Justitia et Lege Civile. Prælectiones theologicæ de principiis juris et justitiæ, deque vi legum civilium in materia justitiæ secundum S. Thomam doctoresque scholasticos. III, 337. *G. F.*

Varet (Gérard). — L'ignorance et l'irréflexion. — Paris, Alcan, 1898. VI, 459. *A. M.*

Varisco (Bernardino). — Conosci te stesso. In-8°, 350 pp. — Milano, Libreria editrice Milanese, 1912. XX, 115. *F. Palhoriès.*

Varisco (Bernardino). — I Massimi Problemi, 331 pp. — Milano, Libreria editrice Milanese, 1910. Prix : Lire 5. XVII, 582. *B. Nardi.*

Vaschide et Vurpas. — L'Analyse mentale, 266 pp. — Paris, de Rudeval et Cie, 1903. XI, 237. *D. M.*

Vermeersch (A.), S. J. — Quæstiones de justitia ad usum hodiernum scholasticæ disputatæ. Altera editio, auctior et accuratior. — Brugio, sumptibus Beyaert, 1904. xxxvi-758 pp. XI, 508. *A. Pelzer.*

Vermeersch (A.), S. J. — La Tolérance. « Bibliothèque de la société d'études morales et juridiques ». Un vol. in 12. Louvain Uystpruyst-Dieudonné ; Paris, Gabriel Beauchesne et Cie. Prix : 4 fr. XIX, 323. *Georges Legrand.*

Verweyen. — Das Problem der Willensfreiheit in der Scholastik. Heidelberg, 1909. XIX, 421. *M. De Wulf.*

Vigna (Luigi). — Sant'Anselmo Filosofo. — Milano, Gogliati. VII, 456. *G. S.*

Vigue (P.). — Le droit naturel et le droit chrétien dans l'éducation. — Paris, Lethielleux, in-12 de 190 pp. XIX, 578. *G. L.*

Villa (Guido). — La psychologie contemporaine. Avec une lettre-préface de M. E. Boutroux. Traduit par Ch. Rossigneux avec la collaboration de MM. Valentin et Battesti In-8° de x-481 pp. — Paris, Giard et Brière, XV, 577. *J. Latinus.*

Villa (Guido). — La psychologia contemporanea. 2me édit. – Bocca, 1911. XIX, 436. *A. Michotte.*

Villa (Guido). — Sulle Teorie psicologiche de W. Wundt, a proposito de alcune recenti publicazioni. — Milano, Ep. Bernardoni di G. Rebeschini e C., 1896. V, 211. *A. Thiéry.*

Villaescusa (Dr D Modesto Fernandez), Vicerector, Rector interino durante los cursos de 1896 à 1897 y 1898 à 1899, Decano de la Facultad de Filosofia y Letras y Catedratico de esta asignatura en la Universidad literaria de Onate. — Curso de Metafisica. — Onate Baldua, 1900. VIII, 216. *D. M.*

Villard (A.). — Dieu devant la science et la raison. — Paris, Oudin, 1 volume in-8° de VIII-308 pp. I, 294. *D. M.*

Visser (H.-L.-A.). — De Psyche der

Menigte. Bijdrage tot de studie der collectief-psychologische verschynselen. Un vol. In-8° de XVI-232 pp. — Haarlem, H. D. Tjeenk Willinck en Zoon, 1911. XIX, 445. *Joseph Petit.*

VOGELS (Is.), S. J. — Vraagstukken der Zielkunde. Verstand en Vrije Wil. — Amsterdam, Vanlangenhuysen, 1900, 197 pp. VII, 345. *L. N.*

VOGL (Sebastian). — Die Physik Roger Bacos. Inaugural-Dissertation zur Erlangung der Doktorwürde. — Erlangen, 1906. XIII, 227. *P. Hadelin, Cap.*

VON BROECDORFF (Cay). — Das Studium der Philosophie mit Berücksichtigung der seminaristischen Vorbildung. — Kiel, Paul Toeche, 1903 ; 81 S. XI, 504. *A. Pelzer.*

VON CYON (E.). — Eduard Pflüger. Ein Nachruf (Separatabdruck aus dem Archiv für die ges. Physiologie, Band 132), in-8° de 17 pp. — Bonn, Hager, 1910. XVIII, 156. *R. F.*

VON CYON (E.). — Leib, Seele und Geist. Versuch einer physiologischen Differenzirung der psychischen Functionen (Separat-Abdruck aus dem Archiv für die ges. Physiologie). Bd. 127 ; 33 pp. — Bonn, Martin Hager, 1909. XVII, 287. *E. B.*

VORBRODT (G.). Beiträge zur religiösen Psychologie : Psychobiologie und Gefühl. Un vol. de 173 pp. - Leipzig, Deichert. Preis : 3,60 Mk. XVI, 638. *Dr Jos. Engert.*

WAGNER (C.). — Jeunesse. Vaillance. — Paris, Fischbacher. IX, 528. *D. Mercier.*

WAHLE (Dr Rich), Priv. doc. d. Univ. Wien. — Geschichtlicher Ueberblick über die Entwickelung der Philosophie bis zu ihrer letzten Phase. — Wien u. Leipzig. Braumüller 1895, 66 S. 1,40 M. III, 215. *A. P.*

WALKER (Leslie J.), S. J. M. A. — Theories of Knowledge. Absolutisme, Pragmatism, Realism, XXXIX-696 pp. — London, Longmans, Green and C°, 1910. XVII, 573. *Francis Aveling.* XVIII, 111. *L. Noël.*

WALLERAND (G.). — Les œuvres de Siger de Courtrai (Etude critique et textes inédits), LXXIV-173 pp., 1913. Prix : 7 fr. 50. Tome VIII de la collection : Les Philosophes belges. XX, 556. *M. De Wulf.*

WARTENBERG (Dr Mscislaw). — Das problem des Wirkens und die monistische Weltanschauung mit besonderer Beziehung auf Lotze. — Leipzig, H. Haacke. XIV, 144. *A. Pelzer.*

WASMANN (Erich), S. J. — Die moderne Biologie und die Entwicklungstheorie. — Freiburg, Herder, 1906. — Der Kampf um das Entwicklungs-problem in Berlin, von Erich Wasmann, S. J. — Freiburg, Herder, 1907. XV, 140. *J. Van Mollé.*

WATSON (J.-M.). — Aristotle's Criticisms of Plato. Oxford, University Press, 1909, 88 pp. Prix : 3 S. 6 d. XVII, 270. *A. Mansion.*

WEBER (S.). — Der Gottesbeweis aus Bewegung bei Thomas von Aquin. Ein Beitrag zur Textkritik und Erklärung der « Summa contra Gentiles. » Herder, Freiburg i. B., 1902. IX, 415. *G. Simons.*

WEBER (Louis). — Vers le positivisme absolu par l'idéalisme. Un vol. in-8° de 396 pp. (Bibliothèque de philosophie contemporaine). — Paris, Alcan, 1903. XII, 144. *L. Noël.*

WEISS (R. P. A.-Marie). — Apologie du christianisme au point de vue des mœurs et de la civilisation, traduite de l'allemand sur la deuxième édition, par l'abbé L. Collin, professeur à l'Ecole Saint François de Sales de Dijon. L'Homme Complet. Deux vol. in-8° de 530 et 402 pp. — Paris chez Delhomme et Briguet. V, 100. *J. F.*

WEISS (R. P. A.-Marie). — La question sociale, ou Institutions de sociologie. Traduction faite sur la deuxième édition, par l'abbé L. Collin, avec la collaboration de M. J. Migy; deux vol. in-8° de 468 et 492 pp. — Paris, Delhomme et Briguet 1895. II, 437. *J. F.*

WEISS (Otto). — Voir SCHELLING.

WENLEY (R. M.), D. Phil. (Glasgow), professor of philosophy in the University of Michigan. Contemporary Theology and Theism. in-12, XII-202 pp. — New-York, Scribner. VII, 261. *J. F.*

WERCKMEISTER (W.).—Der Leibnizsche Substanzbegriff. — Halle, Niemeyer, 1889. X, 320. *D. Nys.*

WERNER (Charles). — Aristote et l'Idéalisme platonicien. — Paris, Alcan, 1910, XII-371 pp. Prix : 7 fr. 50. XVII, 271. *A. Mansion.*

WESTERMARCK (Edouard). — Origine du Mariage dans l'espèce humaine, traduit de l'anglais par Henry de Varigny. — Paris, 1895. II, 226. *J. H.*

WIESCHNER (Dr Arthur). — Methodologische Beiträge zu Psychologischen Messungen. (Auf experimenteller Grundlage). — Leipzig, Barth, 1898. V, 207. *A. Thiéry.*

WILLEMS (C.). — Institutiones philosophicae, 2 vol., 578 et 662 pp. — Trier, Paulinus Druckerei. XIV, 254. *G. Simons.*

WILLEMS (C.). — Philosophia moralis, XV-581 pp. — Treveris, officina ad S. Paulinum, 1908. Mk. 7. XVI, 322. *G. Simons.*

WILLMANN (Otto). — Aus der Werkstatt der Philosophia perennis. — Fribourg, Herder, 1912, 312 pp. XX, 394. *M. De Wulf.*

WILLMANN (Otto). — Geschichte des Idealismus. I Bd : « Vorgeschichte und Geschichte des antikus Idealismus. » (Braunschweig, Vieweg, 1894), 696 pp. Pr. 10 Mk. III, 113. *M. D. W.*

WILLMANN (Otto). — Aus Hörsaal und Schulstube. In-8° de 328 pp. — Fribourg, Herder, 1904. XV, 326. *Frans Van Cauwelaert.*

WILLMANN (Otto). — Aristoteles als Pädagog und Didaktiker (Sammlung « Die Grossen Erzieher »). — Berlin, Reuter u. Reichard, 1909. Preis : 3 Mk. XVI, 484. *Dr Frans De Hovre.*

WILLMANN (Otto). — Didactiek als vormingsleer, naar de vierde duitsche uitgave bewerkt door G. Simeons en Fr. De Hovre. I. Inleiding. — De geschiedkundige typen van het vormingswezen. Un vol. de XVI-303 pp. — Lier, Van In ; Antwerpen, Boekhandel Veritas. XIX, 149. *A. Mansion.*

WOESTE (Charles). — A travers dix années. — Bruxelles, Société belge de Librairie. II, 335. *G. L.*

WOLFF (Gustav). — Zur Psychologie des Erkennen. — Leipzig, W. Engelmann, 1897. V, 216. *A. Thiéry.*

WOODBRIDGE RILEY (I.). — American philosophy. The early schools. Un vol. in-8° de X-595 pp. — New-York, Dodd Mead and Cy, 1907. Prix : sh 3,50. XV, 159. *Kersten.*

WORMS (R.). — Précis de philosophie. — Paris, Hachette, 1903. XI, 208. *G. Simons.*

YSTOA (Joaquin Antonio). — Ensayteorico-practico sobre el arte de estudiar, 359 pp. — Vitoria ; 1,50 pts. XV, 330. *Juan Zaragüeta.*

ZAMBONI (Giuseppe). — La filosofia neoscolastica secondo un professore positivisto. Verona, 1912, 29 pp. XIX, 435. *M. De Wulf.*

ZARAGÜETA. — El problema del alma ante la psicologia experimental. — Madrid, 1911. XVIII, 605. *A F.*

ZARAGÜETA. — Modernas orientaciones de la Psicologia experimental. — Madrid, Imprenta del Asilo de Huerfanos, 1910. XVIII, 113. *L. Noël.*

ZELLER (Dr Eduard). — Die Philosophie der Griechen. Dritter Teil, erste Abteilung : Die Nacharistotelische Philosophie, erste Hälfte. 4. Auflage, herausgegeben von Dr Eduard Wellmann ; Leipzig, O. R. Reisland, 1909. XIII-

864 pp. Pr. 16 Mk. XVII, 262. *A. Mansion.*

Ziehen (Th.). — Ueber die allgemeinen Beziehungen zwischen Gehirn u. Seelenleben, 66 S. 2. aufl. Leipzig, Barth, 1902, 1,80 Mk. X, 235. *A. Pelzer.*

Zuccante (G.) — Socrate, Fonti Ambiente, Vita, Dottrina. Un vol. in-8° de VIII-409 pp. — Torino, Fratelli Bocca, 1909. L. 12. XVII, 281. *Carmelo Scalia.*

ANONYMES

Actes du 3e Congrès d'Anthropologie Criminelle. Bruxelles, Lamertin, 1893. I, 97. *I. M.*

Annales de l'Institut supérieur de Philosophie, t. I. — Louvain et Paris, 1912. XIX, 332.

Annuarium der R. K. Studenten in Nederland, Ann. Dom. 1904-05. In-8° de 407 pp. — Leiden, G. F. Théonville. XII, 513. *Hubert Meuffels.*

Aristoteles. Lexicon. Erklärung der philosophischen termini des Aristoteles in alphabetischer Reihenfolge; in-8° de 72 pp. Paderborn, Schöningh, 1894. I, 94. *Dr Mathias Kappes.*

Compendium institutionum quæ... habitæ sunt in Seminario Metensi. VIII, 316. *V. B.*

Congress (International) of experimental Psychology. Second Session (London 1892). I, 96. *E. V.*

Correspondance de Renouvier et de Secrétan. Un vol. in-8° raisin, avec deux portraits hors texte en phototypie, 168 pp. — Paris, Colin. Broché, 3,50 fr. XVIII, 147. *Natalis.*

Historisch-pädagogische Literatur. — Bericht ueber das Jahr 1909, 384 S. 3 M. Berlin, Weidmannsche Buchhandlung, 1911. XVIII, 609.

Indiferencia (La) religiosa en la España Musulmana según Abenhazam. In-8° de 16 pp. — Madrid, Imprenta Ibérica, 1907. XIV, 605. *J. Forget.*

Jahrbuch (Drittes) des Vereins für Christl. Erziehungswissenschaft. 380 S. — Kempten, Kösel, 1910. XVIII, 610.

Philosophie (La), de Nietzsche, extrait de la Bibliothèque du Congrès international de Philosophie, IV. — Paris, Armand Colin. IX, 526. *D. Mercier.*

Prolegomena to theism, by Justus. — Kellogg, New-York. XVIII, 610.

Louvain (Université). — Coup d'œil sur son histoire et ses institutions, 1425-1900. In-8° avec grav. et carte 3 fr. — Bruxelles, Ch. Bulens 1900.

Université catholique de Louvain : Bibliographie, 1834-1900. In-8° avec grav. 5 fr. Louvain. Ch. Peeters, 1900. VI, 456.

Wissenschaftliche Beilage der Philosophischen Gesellschaft an der Universität zu Wien. — Leipzig, Barth. XIX, 333. *D. N.*

IV

TABLE DES MELANGES

(En dehors de ses Articles originaux et de ses Comptes-Rendus de livres, la *Revue Néo-Scolastique de Philosophie* a publié des Notes, des Informations et des Documents, dont nous donnons ici le relevé sommaire.)

(1) Voir aussi les *Bulletins* de l'Institut Supérieur de Philosophie.

Louvain. — F. CEUTERICK.

Revue Néo-Scolastique de Philosophie

Fondateur : D. Mercier, Archevêque de Malines, Membre de l'Académie de Belgique.

Directeur : M. De Wulf, Professeur à l'Université de Louvain, Membre de l'Académie de Belgique.

La *Revue Néo-Scolastique de Philosophie* paraît depuis 1894, tous les trois mois en fascicules grands in-8° et donne chaque fois en tout 160 à 220 pages de texte.

Le prix de l'abonnement pour un an est fixé à **10 francs** pour la Belgique, à **12 francs** pour l'Étranger. L'abonnement court de janvier à janvier.

Chaque livraison contient :

1° Des *articles de fond* traitant de tout ce qui intéresse les sciences philosophiques ;

2° Des études consacrées au mouvement des idées néo-scolastiques, à des sujets d'actualité, à des questions scientifiques, à des revues générales, à des chroniques philosophiques, etc.

3° Des *Comptes-rendus ;*

4° Un Supplément gratuit : le *sommaire idéologique* des ouvrages et revues de philosophie (depuis 1895).

Pour les abonnements s'adresser à M. l'Administrateur de la *Revue Néo-Scolastique*, 1, rue des Flamands, Louvain (Belgique). — Pour la rédaction, au directeur de la *Revue*.

Prix des Tables : 2 fr.

(Gratuit pour les abonnés)

Louvain. — Imp. F. Ceuterick.

www.ingramcontent.com/pod-product-compliance
Lightning Source LLC
LaVergne TN
LVHW020449230826
846091LV00004B/1613

9782016112762